|主编·汪剑钊|

金色俄罗斯
Золотая Россия

普希金（第三卷）

Пушкин

[苏] 特尼亚诺夫 / 著
张冰 杜健 韩宇琪 / 译
张冰 / 校

四川人民出版社

图书在版编目（CIP）数据

普希金：上、中、下 /（苏）特尼亚诺夫著；张冰，杜健，韩宇琪译，张冰校. —成都：四川人民出版社，2022.2
（金色俄罗斯/汪剑钊主编）
ISBN 978-7-220-12555-3

Ⅰ.①普… Ⅱ.①特… ②张… ③杜… ④韩… ⑤张… Ⅲ.①普希金（Pushkin, Alexander Sergeyevich 1799-1837）—传记 Ⅳ.①K835.125.6

中国版本图书馆CIP数据核字（2021）第264354号

PUXIJIN

普希金（第一卷、第二卷、第三卷）

［苏］特尼亚诺夫 著
张冰 杜健 韩宇琪 译 张冰 校

出 版 人	黄立新
策划组稿	黄立新　张春晓
责任编辑	张春晓
装帧设计	张迪茗
责任校对	郭明武
责任印制	祝健
出版发行	四川人民出版社（成都市槐树街2号）
网　　址	http://www.scpph.com
E-mail	scrmcbs@sina.com
新浪微博	@四川人民出版社
微信公众号	四川人民出版社
发行部业务电话	(028) 86259624　86259453
防盗版举报电话	(028) 86259624
照　　排	四川胜翔数码印务设计有限公司
印　　刷	成都东江印务有限公司
成品尺寸	140mm×203mm
印　　张	23.875
字　　数	569千
版　　次	2022年2月第1版
印　　次	2022年2月第1次印刷
书　　号	ISBN 978-7-220-12555-3
定　　价	128.00元（一、二、三）

■版权所有·侵权必究
本书若出现印装质量问题，请与我社发行部联系调换
电话：(028) 86259453

第三卷
青年时期

第一章

1

当福马大叔告诉他,卡拉姆津还有其他一些先生在等着见他时,他激动得心脏狂跳,飞快地从楼梯上冲了下去,福马大叔在身后吓得念叨了一句"神圣的耶稣啊"。

他被十四号普希金先生急遽变化的表情和行为吓了一跳。

先生们在图书馆等他。他的父母仅被允许进入公共休息室。

卡拉姆津在彼得堡已经住了一个月,到处都是关于他的传言:有人说他此行是为觐见沙皇,张罗出版自己的《俄国国家史》①。据胖女人巴枯宁娜说,沙皇张开双臂热情地迎接他,于是一切便决定了;不过话说回来,这个胖女人却不止一次告诉她儿子和儿子的同学们,说现在怎么定的还一无所知。总之,关于卡拉姆津,她不愿意多说一句。

直到头一天库尼岑来了才告诉大家卡拉姆津成功的消息:所有事情都尽在掌握,宫廷被迫同意出版。人们打算为他举办庆祝活动。而现在他竟突然出现在了皇村中学。

---

① 卡拉姆津从 1803 年开始撰写 12 卷本的《俄国国家史》。前 8 卷的手稿,卡拉姆津曾于 1816 年初带到彼得堡送呈亚历山大一世审阅。1818 年出版。——译注

他不是一个人在那儿：瓦西里·里沃维奇也背着手站在走廊里，还有一个衣着肥大，耸肩膀戴眼镜的高个子——亚历山大虽是头一次见到他，还是立即猜到了他就是维亚泽姆斯基。瓦西里·里沃维奇像平时一样拥抱了他，眼睛看着他的朋友。

维亚泽姆斯基蹙眉打量着亚历山大，并用眼神致意。

"阁下，"他对瓦西里·里沃维奇像是在提示地说，"阿尔扎马斯社的社长①。"

瓦西里大伯犹豫了一下。

"您瞧！"维亚泽姆斯基对他说。

"我记得，阁下。"瓦西里大伯精神焕发地回答道。维亚泽姆斯基柔软的浅棕色头发蓬乱地散着，后脑勺竖起了神气十足的一绺。他看起来活像一只随时准备战斗的公鸡。

他们笑了起来，卡拉姆津摇了摇头。

大伯从未称呼任何人为"阁下"，更没对在场的诸位称过"阁下"，维亚泽姆斯基就更不用说了。这种冒傻气的行为闻所未闻，而且很不像

---

① "不知名文学家阿尔扎马斯社"，成立于1815年。该文学社团的活动以反对俄罗斯科学院与"座谈会派"为宗旨。该社集合了文学界一些所谓卡拉姆津倾向的拥护者，其最鲜明的代表人物是茹科夫斯基和巴丘什科夫。与"座谈会派"官僚气派的庄严凝重截然不同，阿尔扎马斯社的集会带有半戏谑的特点。阿尔扎马斯社的参加者有茹科夫斯基、巴丘什科夫、维亚泽姆斯基、瓦·里·普希金；未来的十二月党人——尼·屠格涅夫、尼·穆拉维耶夫、米·奥尔洛夫，未来反动的国务活动家——乌瓦洛夫、勃鲁多夫等人，也系其成员。1818年阿尔扎马斯社由于团体内部思想和文学观点的尖锐分歧而终止其活动。"在针对十二月党人的审判中，清楚地表明，当时的斗争不仅存在于'座谈会'和'阿尔扎马斯社'之间，在每个文学倾向内部，也存在斗争。"身为陪审员的"阿尔扎马斯社成员勃鲁多夫，和'座谈会'主席希什科夫并排就座，而在受审者中间，有'座谈会'主席之一的穆拉维耶夫-阿波斯托尔的两个儿子，而阿尔扎马斯社成员尼古拉·屠格涅夫只是由于偶然性作祟，才免于与其同坐于受审者席"。（尤·特尼亚诺夫：《丘赫尔别凯》——《文学同时代人》，1938年第10期，第185页）。——译注

话。这是阿尔扎马斯社的社成员之间的恶作剧。亚历山大紧张得喘不过气来。

对他来说,这一切都是新鲜的。

大伯从口袋里掏出一块碎纸片,咳嗽几声清了清嗓子,把西装背心拽拽平整,就像每次即兴朗诵之前一样。

不,这根本不是诗歌。大伯几乎每个词上都要打磕巴,唾沫飞溅,卖力地读着不知是一份教会-斯拉夫语证书,还是递交给衙门的一封诽谤信:

"李别茨克大洪水后的第二个夏天,严寒的月份,二十日,在老太婆家里举行了'阿尔扎马斯社'例会。莅临的各位先生有戈洛莫波伊、斯维特兰娜和沃特。反对疯狂的'座谈会'派由于红帽子和鹅毛笔的加盟而获得加强①……——嗯,接下来说说沙霍夫斯基——还是你自己念吧——大家一致同意蟋蟀为阿尔扎马斯分子。楚……阁下……"②

"总而言之,你已经是阿尔扎马斯社成员了。"大伯简短地说,"我的朋友,这里说的蟋蟀是指你吧。至于他们也有头衔:'阿尔扎马斯社的天才'阁下。"

"阿尔扎马斯社"顿时一片喧闹。沙霍夫斯基原本打算通过喜剧方式来隆重推出可怜的仰慕者——菲阿尔金,就对茹科夫斯基的诗作进行

---

① 阿尔扎马斯社每次例会主持会议的主席都会戴上红帽子——这是18世纪末法国革命期间雅各宾党人的头饰。——译注
② 阿尔扎马斯社成员在加入社团后都会获得一个外号,大多出自茹科夫斯基叙事体诗人物名:老太婆指乌瓦洛夫;戈罗莫波伊指日哈廖夫;斯维特兰娜指茹科夫斯基;沃特指瓦西里·里沃维奇·普希金;楚指达什科夫等。——译注

了嘲讽①。喜剧《李别茨克洪水》十分搞笑，取得了轰动效应，但所有朋友都不认同沙霍夫斯基的品位。嘲讽挖苦如雨点般向他砸来。人们管他叫小丑，称他的喜剧为"李别茨克大洪水"。他们用教会斯拉夫语体写了些又臭又长的赞美歌，致敬疯狂的"座谈会派"——那些口齿不清的教会执事，是如此强势和尖刻的同盟，就像沙霍夫斯基。瓦西里·里沃维奇大伯不知疲倦地奔走于彼得堡和莫斯科之间。

渐渐地，仿佛一个秘密的阴谋，大家都开始喜欢这种反对"座谈会"的嘲讽言论了。

勃鲁多夫有一次偶然路过阿尔扎马斯市，在驿站里觉得无聊，就相想出了用"座谈会"和沙霍夫斯基的风格描述整个事件的想法。他这部绞尽脑汁的作品被命名为《围墙幻影》②。所有反对沙霍夫斯基和"座谈会"的斗士都成了阿尔扎马斯社成员，默默无闻的阿尔扎马斯市居民；于是便成立了一个名叫"阿尔扎马斯社"的组织，该组织的标志是阿尔扎马斯鹅。因为阿尔扎马斯市以盛产肥鹅著称。

茹科夫斯基积极参加各种活动。他们在各自的家中聚会，也在一些奇怪的场所——马车或仅能容纳两三人的池座里开会。他们以旧贵族自居，就像在"座谈会"里一样摆架子。他们常常称呼彼此为"阁下"。夜间戴着红帽子开会——"座谈会"将因为他们从法文中翻译的作品而称他们为雅各宾党人。他们写了些洋洋洒洒且滑稽可笑的协议纪要。茹科夫斯基本人担任秘书，以教堂执事体写作会议纪要。大多数月份都是

---

① 沙霍夫斯基在其喜剧《新斯特恩》（1805）中嘲讽了卡拉姆津，而喜剧《给调情女子的一个教训，或李别茨克的洪水》（1813，1815年上演）通过"故事讲述人"菲阿尔金形象嘲弄了茹科夫斯基。——译注
② 《围墙幻影》是德·尼·勃鲁多夫写的一个诽谤剧，"阿尔扎马斯社"就是以此为据成立的（参阅前注）。——译注

用斯拉夫语进行重命名和重写，历法也改了。一月现在叫普洛西涅茨，二月叫柳特和谢琴，三月叫弗列谢尼，四月叫别列佐尔。他们觉得自己的姓名也很无趣，于是便用茹科夫斯基叙事诗里的人物来给自己命名：莱茵河、黑乌鸦、烟熏炉，只要是诗歌里提到的都派上了用场。他们现在唤他为蟋蟀，他是个真正的阿尔扎马斯成员。

卡拉姆津仔细打量着亚历山大·普希金——这位未来的蟋蟀。他尊重并珍视这个年纪，能全身心地快乐，在发出笑声之前就会扬起嘴角。不过，他的微笑带有一丝忧郁。

维亚泽姆斯基竖起一根手指，像县城秘书长在朗读法律条文一样，引用了这段文字：

> 燃烧的火焰噼啪作响[1]，
> 蟋蟀哀怨地鸣叫，
> 这是午夜到来的信号。

在说"噼啪作响"这个词时，他用了一种特殊的方式，即阿尔扎马斯社的方式。

"我的朋友，现在我们每个人都有一个绰号。"瓦西里·里沃维奇急忙说道，"维亚泽姆斯基的绰号叫阿斯莫德[2]，巴丘什科夫的绰号叫阿喀琉斯[3]——是根据个头起的，你见过他，个子小小的……我也有个绰

---

[1] "燃烧的火焰噼啪作响"是茹科夫斯基长诗《斯维特兰娜》里的诗句。——译注
[2] 阿斯莫德，也译作阿斯摩太，是出现在次经《多俾亚传》及犹太经典《塔木德》中的恶魔。——译注
[3] 希腊神话中特洛伊战争中最主要的希腊英雄。——译注

号，就叫沃特①。"

亚历山大没听懂，又问了一遍，因为大伯的绰号听起来一点不像个绰号。

"就这样，"大伯不情愿地重复道，"就这样定了。"

"不是就这样定了，是就这样了。"维亚泽姆斯基纠正道。

"我说的就是就这样。"大伯不满地说道。

这一切当然都很好笑：又是阿喀琉斯又是蟋蟀的，但这个"就这样"和什么都扯不上关系。

"茹科夫斯基有一些诗作，我的朋友，"大伯有些不快，解释道，"有一个美人……有人轻敲了她的门锁，等等。诗的最后写道，难道一切有何区别吗？就这样。"

他显然对自己的绰号不甚满意。

然后他又高兴起来，说道："达什科夫叫楚，而我叫就这样。"

"屠格涅夫的绰号叫两只巨手。"

大伯对绰号问题纠缠不休。

维亚泽姆斯基不再开玩笑了，他对亚历山大说：

"座谈会是一个马厩，如果有成员要出去，就会乘前后双座脚踏车或四个人同行。为什么只有傻瓜们才能聚在一起？在这里我们也像兄弟般一起生活——心连心，手牵手。您什么时候毕业？我们每周四都举办聚会。"

然后他顶着脑后竖起的一撮头发，严肃地问亚历山大，读没读过茹科夫斯基的新诗作，还有勃鲁多夫评论其的文章。他说那篇评论写得

---

① 俄语语气词 вот，意为"这就是""就这样"。——译注

很棒。

卡拉姆津问亚历山大,在皇村居住是否潮湿,特别是中国村那一片,因为他打算夏天带全家人一起来消暑。这是他昨天在去莫斯科的路上停下来看房子时才决定的。

敏捷的罗蒙诺索夫看了一眼门口,大伯回想起那些灵感迸发的美好时光,他写出了《危险的邻人》,罗蒙诺索夫和普希金是见证者,他把他介绍给卡拉姆津和维亚泽姆斯基。

卡拉姆津邀请他去自己家做客。

校长气喘吁吁地在门槛外迎接他们。他掏出手帕擦了擦脸上的汗,解释说他是以最快速度赶过来的。哦,要是有双年轻的腿就好了!他异常兴奋,一切都立刻发生了变化——维亚泽姆斯基皱着眉头看着亚历山大,见他闷闷不乐的眼神和硕大的鼻孔。校长是个虚胖、苍白的人,臀部肥大,如波罗的海般的蓝色眼睛眨巴不停。他的脸上带着纯真的善良神情,言谈举止无拘无束,还有些谄媚。他对于这些客人的到来感到非常高兴。

大家立刻不再开玩笑了。"阿尔扎马斯社"的习气也荡然无存。卡拉姆津急匆匆地请求校长允许他跟普希金和罗蒙诺索夫一道去看看离皇村很近的中国村。

他们走到了那片冷清的荒无人烟的小房子那儿,根本无法想象这里会有任何活着的东西。卡拉姆津看着自己将要来度夏的中国村,感觉怪怪的。维亚泽姆斯基说他这是要剃度出家呀,但是僧侣们也不会住在这么雅致又寒冷的亭子里。瓦西里·里沃维奇听得摸不着头脑,便说:

"朋友们,要是把厨房安排在那个帐篷里,从这儿过去就太远了,菜会凉掉的。"

他像军人一样管这些房子叫帐篷。

一个诡异的身影突然冒了出来,来到众人面前:这人像个老将军一样魁梧,喘着粗气,站在中国村的入口挡住了去路。

亚历山大认出了这个人:皇村管理员扎哈热夫斯基[①]来迎接客人了。不过并没有什么欢迎词。

这人口齿不清地说,中国村还没收拾利索,要求推迟查看。

他脸色苍白,眼睛闪闪发光,仿佛这些人要把属于他的房子从他手里夺走似的。

"请您吩咐开门,"同样脸色苍白的卡拉姆津平静地说道,"我们在这里等。"

这位守门大将压低声音嗓音嘶哑地命令手下撤退并开门。他自己也走开了。

一进屋,映入眼帘的是发霉的墙壁。瓦西里·里沃维奇说,尽管如此,夏天这里还是很舒服的。亚历山大看了看卡拉姆津,又看了看维亚泽姆斯基。很显然,这位宫廷侍从痛恨所有人,并忠诚保卫着皇村的每个角落,不让它遭到皇村中学的侵占,这位重要人物的出现令他感到恐慌。只见他咬着嘴唇,鼓起鼻孔轻轻哼了一声。维亚泽姆斯基皱着眉从眼镜上方看了他一眼。

"蟋蟀悲伤地叹了口气。"卡拉姆津看着大家,笑着说。

英雄指挥官在他面前败下阵来。

之后普希金和维亚泽姆斯基就像学校里的同学一样携手参观新领地。瓦西里·里沃维奇紧随其后,并不时做出些切合实际的点评。他还

[①] 扎哈尔热夫斯基(1780—1866),皇村中学管理委员会主席。——译注

发现了一个很适合挖地窖的地方。

"在炎热的天气酒容易变酸,朋友们,可得记住这一点。"

卡拉姆津从不喝酒。

维亚泽姆斯基告诉亚历山大,一场真正的战争正在进行:"座谈会"很强势,学院里的一切事务希什科夫都要向阿拉克切耶夫请示;尼古拉·米哈伊洛维奇·卡拉姆津在彼得堡差点没被敌人灭掉,哪怕有鉴赏力的人全拥护他也是徒劳;小丑的花环①取得了巨大成功,人们都在嘲笑茹科夫斯基。但却并未抨击此类人士。品味、智慧,还有"阿尔扎马斯社"!

他还要给他寄来一首庄严的阿尔扎马斯社之歌:《舒托夫斯科夫的婚礼》。

2

现在他的生活就是参加一些简短的会议和一些浏览。

去年夏天,退休的中尉巴丘什科夫来皇村中学拜访普希金,亚历山大至今还记得那次见面。正如福马所言,退休中尉是个矮个子。他低声对亚历山大说,自己是特地来感谢他的来信的。中尉的衣着有些寒酸:身穿灰色的军用短上衣,头戴一顶便帽。他看着亚历山大,深灰色的眼睛里满是忧郁和心不在焉,一点也不像诗歌里描述的懒鬼、智者和爱人。亚历山大就是给这位懒鬼寄了封信,信中写道:

---

① 这是指德·弗·达什科夫写的一首谐谑体颂诗,是写给沙霍夫斯基的。——译注

> 哲学家是活跃的诗人①，
> 帕纳塞斯②幸福的懒人……

现在杂志上刊登的诗人作品越来越少了。亚历山大在给他的信里写道：

> 难道你，年轻的梦想家，
> 终于和福玻斯③分手了？

现在他为此而感到后悔。巴丘什科夫若有所思，心不在焉，好像在皇村迷失了方向，不知道该怎么回家。亚历山大不禁想起了一篇关于莫斯科火灾的诗④：

> 在我目光所及之处，
> 只有黑炭、灰烬和石头堆……
> 只有可怜的苍白的架子！

他用低沉的嗓音讲述着宫殿建筑，以及毁掉尚未完工的建筑物的罪恶。然后他又突然问亚历山大：为何在题献诗里称他为俄罗斯的帕尔尼⑤？

---

① 摘自普希金《致巴丘什科夫》（1814）中的一句诗。——译注
② 希腊帕纳塞斯山（Parnassus），或法国诗坛的帕尔纳斯派。——译注
③ 太阳神阿波罗的别名。——译注
④ 以下所引是巴丘什科夫《致达什科夫》诗中的句子。——译注
⑤ 帕尔尼（1753—1814），法国诗人。——译注

关于这个问题他曾经写过一些东西，但以后再也不会了。

巴丘什科夫认为亚历山大在考试中朗诵给杰尔查文的那首《皇村的回忆》，是他最好的一篇作品。为什么不尝试写一些有关重大历史事件和英勇业绩的叙事体长诗？题献诗已经写得够够的了。

不，他既不像一个伊壁鸠鲁式的享乐主义者，也不像个梦想家。

亚历山大感到有点受了冒犯，他回答说，他正在写一首长诗，不过只是一篇游戏之作，是以玩笑口吻写的一篇关于博瓦①的童话故事——博瓦是一个民间传说中的英雄，这篇童话里还有狡猾的国王，甚至还有他白痴父亲的幽灵。

巴丘什科夫平静地说，他自己也曾经构思过这样的童话题材，突然他对亚历山大说：

"把博瓦给我吧。"

他笑起来，立马变得像那个写出关于懒惰和阔绰智者的古老诗歌的人了。然后他又发起愁来，握了握亚历山大的手就头也不回地走了。这个小个子的、干瘦的挺拔的人。

他走之后，亚历山大在学校走廊和过道来回溜达了许久，心中七上八下，惊惶不安。然后他摇了摇头，清醒过来。

当杰尔维格问他和巴丘什科夫都聊了些什么时，普希金却不想告诉他。杰尔维格随后又问他，巴丘什科夫是否喜欢他的题献诗。普希金却回答说：

"青菜萝卜各有所爱——每个人都有自己的想法。"

---

① 普希金在写完《僧侣》以后，曾经尝试写作一部比之更大的作品——《博瓦》(1814)。这首长诗充满了政治意味的暗示，沙皇在诗中被给予讽刺性地描写：一个是暴君，一个是蠢人，意志薄弱。长诗未完成。——译注

他不愿意继续去想这件事了。

当晚,他把这一年所写的东西都读了一遍。突然觉得很多内容都是多余的,于是他把那些诗行标记出来。

后来茹科夫斯基送了一首他自己的诗作。

茹科夫斯基个子很高,长长的头发挡住了额头,他爱笑且健谈。巴丘什科夫看起来并没注意到众人,只关心建筑物及其面积。茹科夫斯基环顾四周后立刻说校长长得像只猫。校长也的确像猫——总是从容不迫,吃得饱饱的,也很善良。

现在卡拉姆津、维亚泽姆斯基和瓦西里·里沃维奇大伯在去莫斯科的途中来到这里。卡拉姆津打算来皇村消夏,在这之前就有传闻说这位伟大的历史学家将要成为沙皇的顾问。瞧,进行教育就是这么简单而又轻松,它多么容易取得成果呀!

很显然,阿尔扎马斯大伯现已处于名利的最顶端——他是年纪最老的阿尔扎马斯成员,所有人都应该铭记他和"座谈会"以及没品位的迦勒底人①的战斗。亚历山大在陪他们去中国村的路上一直暗自欣喜。的确,这些带着尚未完成的旧式宫廷装饰的老房子已经上了年头,不像是住人的地方,更像无人居住的凉亭。卡拉姆津蹙着眉巡视这些房屋。天花板很低且屋内空间狭小。他挑选了一间稍微宽敞些的给自己的家人住,另一间有带房顶的通道,当作书房,第三间房屋是厨房和会客室。亚历山大似乎感觉到他叹了口气。如果有人告诉他,说他是大家都需要

---

① 迦勒底人,古代生活在两河流域的居民,大概在现在的伊拉克南部及科威特。约公元前 625 年,迦勒底人夺得巴比伦尼亚的王位,建立了迦勒底王朝,亦即新巴比伦王国。阿尔扎马斯社成员管对手叫迦勒底人,亦即野蛮无知颟顸的人。——译注

的，大家需要他，甚至甚于他需要大家的话，他会惊奇不已的。

卡拉姆津感到惊恐又悲伤。他是从莫斯科来彼得堡的，那个他曾经享誉全城的莫斯科，其重建的速度之快，已经看不见任何大火曾经肆虐的痕迹。他十二年间的重要作品都已经接近了尾声。《俄国国家史》已写了八卷，接近完成。接下来就需要印刷出版，为此必须得到沙皇的批准和经费。他写了文辞优美感情激昂的序言。他带着恐惧的心情出发去了彼得堡：因为叶卡捷琳娜·帕夫洛夫娜——深受沙皇信赖的皇姐，并没有回他的信。要是什么都解决不了可怎么办？他只得无奈地做好迎接意外和屈辱的心理准备。但现实却超出了他的期望。在圣彼得堡度过了六个星期的苦闷煎熬，度过了热闹的五旬节，可是沙皇丝毫没有要接见他的意思。彼得堡的漫不经心令他疲惫不堪，人也消瘦了不少。只有年轻聪明的阿尔扎马斯社成员们在聚会上十分活跃愉快。他们对这位伟人的不公平遭遇感到愤慨，有人还将此比作猫和老鼠的游戏，卡拉姆津忧伤而又赞同地接受了这一说法。与此同时他还不得不低声下气地妥协哀求。说起来可笑，他曾去自己在文学界最大的敌人——"座谈会"那些阴沉的老家伙那儿做过客，但没得到什么赞许的话。他还去拜见过皇室侍从长和总侍从长，请求他们帮助促成沙皇接见，但却遭到了冷漠的对待。

终于他得到允许去谒见沙皇的朋友和宠臣阿拉克切耶夫伯爵，但他却无法克制自己而放弃了这个机会。阿拉克切耶夫的一位将军朋友跟他说过，皇帝一听说要花六万来出版《俄国国家史》，好像说了句："荒唐！我要出这么一大笔钱吗？"后来，还和一个受人鄙视的人——其夫人是阿拉克切耶夫的情妇的秘书普卡洛夫——一起吃了顿饭。最后，他终于咬着牙去拜见了阿拉克切耶夫，随后很快就受到沙皇的接见。他本想朗读自己写的序,开了两次头都没读下去。沙皇批给他六万出版经费,并表示如果他愿意的话,可以居住在皇村。

筋疲力尽、受尽屈辱的他觉得自己简直快成了卑鄙小人,因为得到了居住许可,来到皇村挑选住宅,并和瓦西里·里沃维奇一起到皇村中学回忆青春岁月。他很欣赏亚历山大,这位年仅17岁的少年!这个年纪一切都是那么温柔和青涩,哦,在这个年纪还不会屈服、折腰!还能拥有美好的梦想、诗句和未来!

而且,绰号叫"就这样"的瓦西里·里沃维奇大伯更加需要他。

瓦西里·里沃维奇大伯是所有人里最无趣的。他喜欢以自己的标准衡量一切事物。而且不得不说,他作为阿尔扎马斯社的成员,绰号起得最没水平。他是带着矛盾的心情来找亚历山大的。在马车上他和朋友们吹嘘了一路。

"他最近作的讽刺诗比很多人的作品都要锋利俏皮。"他面无表情地对维亚泽姆斯基说,后者相当爱嘲笑人,一刻也不肯放松:普希金家的人永远都在写讽刺诗。他的侄子,也是他的学生和追随者,已经长大了。让大伯感到不快的是:亚历山大已经被"阿尔扎马斯社"接收为新成员,没有经过任何正式仪式,并且得了个还算体面的绰号——蟋蟀。与此同时,瓦西里·里沃维奇大伯总是不无遗憾地回想起他入社时的那些仪式。那是在乌瓦洛夫家进行的。一开始气氛很诙谐,好像置身剧院。人们给他穿上一件缀着贝壳的长衫,头上扣了一顶宽边帽子,还塞给他一根手杖。

他被打扮成了一个朝圣的香客。瓦西里·里沃维奇可是很清楚"朝圣"的一套规矩!"午夜的黎明"!神秘主义者!迦勒底人!这是一个模仿秀。他被蒙上了眼睛,然后被带到一个地下室。这使他有些不舒服。接下来却更糟糕,他被蒙在了厚厚的毛皮下面,他确定这是沙霍夫斯基那件"偷来的皮草"①。他差点没窒息。他听到一些人用教会的口气喊道:

"忍一忍,忍一忍,瓦西里·里沃维奇!"

如果他了解到其中的含义,那他便愿意忍受。但他不明白这有什么意义。而且,这一切都应该发生在毫无意义的"座谈会"里。然后他又被迫向稻草人开枪,而那个稻草人竟突然间朝他开了一枪。后来有人告诉他,当时不过是炮仗的响声。但是他还是倒在了地上,不是出于害怕,而是由于突如其来的惊吓。然后大家又把他塞进一个大木盆里洗澡,这可一点也不好笑,并且对健康有害,大家还以"座谈会"的名义宣布:"阿尔扎马斯社"是个贼窝,是强盗和怪物聚集的码头,瓦西里·里沃维奇对此完全赞同。

再然后,也许是作为奖励,他被选为社长。但只是在蟋蟀入社之前——现在亚历山大成了社长。大伯本以为,至少每个人都要经历一遍这些乏味的入社仪式。而蟋蟀是大伙背着他选出来的。去你的破仪式!

是,虽然这是一种荣誉,但也有点太年轻化了,不顾年龄大小,简直就是滑稽表演。

当看到卡拉姆津对他入社的事一无所知,大伯内心深处还是很得意的,也有可能他已经知道了——他看亚历山大的眼神充满关切又兴趣盎然。这孩子将来会受益颇多;不管他的《危险的邻人》以及同迦勒底人的战斗,无论如何,这个偶尔过分闹腾的"阿尔扎马斯社"已经出现了,这个男孩是它的教育成果。这是无法遗忘的事实。

---

① 这是沙霍夫斯基写的一部喜剧,旨在嘲讽卡拉姆津派。——译注

3

  人们来拜访他，巴丘什科夫、维亚泽姆斯基都来做过客，14室里有一张铁床，门的上方有个栅栏。他在自己的诗作中将这房间称为修道小居，把自己称作隐士，在另一首诗中又称自己为残废；他把装冷水的长颈玻璃瓶叫作陶罐。如此他便成了一位年轻的智者，他写懒惰，写跟懒惰很相似的死亡，写戴着轻薄面纱的少女。他认得出对面的窗户，从前在那扇窗里曾闪现过娜塔莎忙碌的倩影，娜塔莎比他好很多。他还给那扇窗写了首诗。那扇窗分隔了忧伤的恋人，或相反，被一只羞答答的手轻轻推开——从这扇窗里可以看到月亮。他从自己的窗子往外看：对面有一间侧屋，住着几个老泼妇，却没有戴面纱的少女。娜塔莎早就被赶走了。朋友们会在他的墓碑上刻下这样两行字：

  一名年轻的智者，
  阿波罗和快乐的门徒，在这里打盹儿。

  他啃坏了羽毛笔，画掉了写下的东西，在皇村里游荡，夜里偶尔还从床上跳起来写关于懒惰的诗。每天早上福马捡起地上被咬掉的鹅毛时都会感到惊讶："又有鹅飞进屋了。"
  智者生活过，享受过，最终会毫无牵挂地死去。他会吹普通的笛子，也会吹芦笛，为此还引起了亚历山大和丘赫利亚关于芦笛是什么的争论。但他们在争论过程中惊讶地发现，两人谁也无法确定芦笛到底长什么样。丘赫利亚坚决不相信芦笛是普通牧羊人吹的管子。
  智者也经历过爱情，他的爱情和痛苦被平静得仿佛睡梦般的死亡所终结。

当他在大厅偶遇来找哥哥的年轻诱人的巴枯宁娜时,他意识到自己陷入恋爱了。

这和他之前所经历过的感觉完全不一样,包括追求侍女娜塔莎或者欣赏另一位娜塔莉亚(他从没叫过她娜塔莎)演唱歌剧时。这是一种非常强烈的爱,但只能默默远观。他曾在诗中称呼侍女娜塔莎为娜塔莎,称娜塔莉亚为娜塔莉亚。他把巴枯宁娜称为埃维莉娜,就像帕尔尼在诗中称自己美丽的情人为埃列奥诺拉。献给埃维莉娜的诗作只能是哀诗。

想要见到她成了他的习惯,哪怕只见到她裙子的一角从树林里闪过。一次他见到她穿着黑色的衣裙经过学校,还和别人说着话。在她消失在转角前,他整整幸福了三分钟。黑色的裙子很适合她。那一晚他躺在那里,盯着她白天经过的树林看了很久。他灵感涌现,写了几首关于死亡的诗,身穿黑色衣裙的死神来到他的门前。他读着自己的诗,惊讶于这种难以忍受的思念之苦——他明白,这只是想象中的忧愁和死亡,但这却令他更加苦闷。假如他表露出自己仅仅想要见到她,而并不想和她交谈的想法,会令他十分惊讶。他该怎么对她说呢?如果再无可能也再无必要见面的话,他又该如何度过未来的日子?他整夜都在为此苦恼哀叹。

有一天,他停下来叹了口气,然后听见墙那边同样的一声叹息。普辛也没睡。

亚历山大便和他聊起天来。普辛不情愿地承认爱情已经让他两周无法入眠。两分钟后亚历山大惊奇地发现,普辛和他爱上了同样一个埃维莉娜,也就是叶卡捷琳娜,也就是巴枯宁娜。

奇怪的是,他既没感到愤怒,也没觉得嫉妒,而是好奇地听普辛抱怨着巴枯宁娜很少出现。第二天普辛满脸通红地塞给他一张纸,让他看一看。亚历山大便读了，这是一篇韵律简单的小情诗。诗中说这是第一次奉美人之命写下的诗行。这诗显然不是出自丘赫利亚之手，丘赫利亚的诗中只有友谊和秋天的风暴。这也不是杰尔维格的风格，他已经在诗中自称为老人、老朽或长者了。普辛坚称这是伊利切夫斯基的，因为洋洋洒洒写得很长。第一行诗句让普辛很困扰，写着"奉美人之命"——难道他们已经见过面了？

亚历山大心满意足地瞧着他。三个人同时爱上一位姑娘，这太神奇了。这件事他对伊利切夫斯基只字未提，但每当那个忧郁的影子在走廊里经过时，他总会久久注视。

后来有一天，普辛、伊利切夫斯基和亚历山大三个人撞上了。伊利切夫斯基傻眼了，张着嘴看了他俩半天才反应过来。

然后他又因为普希金和普辛两人放声大笑感到失望。

再看到巴枯宁娜时，亚历山大依然很高兴，他期待着她，但是夜晚的叹息越发少了。他现在能够安稳地睡到早晨。一天他突然感到非常难过，他再也没有见过她，他已经不想甚至害怕见到她了。或许他根本没爱过她吧。他收起了写给她的诗，并努力尽可能不去想起她。

4

他知道，自己的诗比大伯瓦西里·里沃维奇那些优柔寡断的诗写得好，那种死神来到门前的诗句，就连巴丘什科夫也不会拒绝的。将长颈玻璃瓶称作装满清水的陶罐，将其放置的斜面写字台称作一张简朴的桌子，还有窗户，少女，年轻智者的爱情和死亡，隐士，懒人，梦境和梦想。现在他更像是一个挂着拐杖的残疾人或修道士。他是个聪明的人。

所有大人都想要过此种生活。戈尔恰科夫很喜欢这位智者和懒蛋。

如今戈尔恰科夫微微伸出粉红色的舌尖，认真地将他的全部诗作抄写下来。他的眼睛里浮起淡淡的迷雾，看起来这些诗作让戈尔恰科夫心满意足。这位被阿波罗所宠爱的智者在他看来，快乐而不过分，矜持而不冷淡，不多不少和他戈尔恰科夫一模一样。亚历山大并不喜欢戈尔恰科夫抄写并赞美他和他的诗句。

有一天，新校长递给他一页写满了诗句的纸，说是偶然发现的，上面是亚历山大写的诗。

校长很赞赏这些诗作。他咧着嘴冲亚历山大笑了笑，好像一个同谋者，带着些许忧郁又陷入幻想的神情，他淡蓝色的眼睛里有一丝疲惫。

这样的机会校长已经等了很久，他非常认真地读完了一首四行诗，然后又读另一篇。他记住了皇村中学诗人的作品。

普希金用力咬了咬牙，转身离开了。校长看着他的背影，合上了大嘴巴，收起了祝福的眼神，背着手慢慢走回办公室去了。

不，他不是个智者，也不是个懒蛋。

卡拉姆津、大伯和维亚泽姆斯基离开后，他每天傍晚都执着于鼓着鼻孔四处游荡，浑然忘我，丹扎斯手里握一支铅笔，屏住呼吸，一边观察他一边迅速作画，但还是画不好，开了个头就放弃了。米沙·雅科夫列夫来了，丹扎斯就对他解释说，自己想画一幅普希金像个猴子般作诗的画，结果没成功，一点都不像普希金，倒画得像伏尔泰。但这是因为普希金既像猴子又像老虎，他又想要把普希金画成一只即将一跃而起的猛虎，一切进行得很顺利，但不幸的是，最后画成了一只真正的大老虎。

而事实上他真的在准备跳跃，心不在焉地，轻笑一声，闭着眼睛。

"阿尔扎马斯"在等待着他。他渴望着、想象着那一瞬间,当"阿尔扎马斯"的领袖,他的大伯介绍他发言时,他还不知道要说什么,但他已经提前预想到了所有可能听到的问题的答案。

那天夜晚,他被自己狂跳的心脏惊醒——仿佛感到自己注定失败的命运。卡拉姆津和维亚泽姆斯基对他有所期待。周围正在进行一场反对审美风格,反对诗歌,反对智慧,反对卡拉姆津和茹科夫斯基的战争。有一群言语野蛮,浑身恶习的老人,一群官僚习气严重的教会执事在"座谈会"里兴风作浪,使些阴谋诡计。

这些人他一个都不认识。这个组织里最可怕的沙霍夫斯基,他曾在自己创作的剧本中讥讽茹科夫斯基,"座谈会"为此举办了个桂冠加冕仪式。维亚泽姆斯基献给他一首颂诗。亚历山大将其全文誊写了下来。这位舒多夫斯基的性格倒是与"座谈会"其他两位姓氏以Ш开头的先生——希什科夫和希赫马托夫有些不同。他性格尖刻,维亚泽姆斯基说,那部嘲讽茹科夫斯基的可恨的剧本,还挺好笑,并且取得了巨大成功。但这对他来说更糟!有人指控他是导致尊贵的奥泽罗夫[①]死亡的原因。因为作为剧院经理的奥泽罗夫拒绝了这个剧本,还禁止其上演,之后剧作家发狂而死[②]。这是罪行,是报复,敌人嘲笑茹科夫斯基的哀歌,嘲笑卡拉姆津的敏感,嘲笑瓦西里·里沃维奇大伯的轻浮。大胡子们嘲笑正确合理的意义。他没读过,也不打算读他们的陈词滥调,古老的赞美歌和被他们称之为颂诗的刺耳的瓦良格人式的诗歌。他生来就是那些野

---

① 奥泽罗夫(1769—1816),俄国剧作家。——译注
② 沙霍夫斯基的对手谴责他作为剧院的领导并未对他人的作品表现出应有的不偏不倚的态度,而正是由于他的过错,奥泽罗夫的最后一部悲剧《波利克谢娜》未能获得认可(陷于饥寒交迫中的剧作家发疯后去世)。——译注

蛮的教堂执事的敌人。开战！让他控制情绪简直荒唐，想要封锁他的激情和心脏，不允许他哪怕是埋葬这些座谈会的无耻害虫们（爱好者早就被人把绰号改成毁人者了）和寂静的科学院，勋章、星星和绶带！

开战！

在皇村，他无法参加"阿尔扎马斯社"的会议，吃不到有名的阿尔扎马斯鹅肉。但是有一天他看见一个普通将军歪斜的身影，穿着丑陋，和胖胖的管理员一道，颓丧地从宫殿旁走过，

将军长了个肉乎乎的鼻子，耷拉着嘴唇，像司令部文书一样。他停下来用鼻音很重的声音跟管理员说了些什么。胖管理员直挺挺地站着，浑身颤抖，他明白了：那位将军就是阿拉克切耶夫。将军浑浊的双眼扫视了一下四周，背过手，仿佛没看见那些雕像石柱和这个承载了他过去荣耀的地方，挺起胸膛走进宫殿去了。

亚历山大手里攥着一支笔，他看着他，写下了一首关于陌生美人的诗歌。他环顾四周：鼻音重的将军，园林管理员可怕的日常生活，周围既没有女人，也没有诗歌。他把写好的诗稿藏进了口袋。

开战！

5

这会儿他鼓着鼻孔，在写俄罗斯词语的无耻害虫"座谈会"①，野

---

① 海军上将希什科夫是俄罗斯俄语文学研究院院长。"俄罗斯语言爱好者协会"是科学院的一个非官方分支机构。因此，希什科夫的对手们在其对希什科夫派的抨击中联合成为"座谈会派"和科学院派。"已故"科学院之所以被提及，是因为按照"阿尔扎马斯社"条例，每个加入协会的成员都应该朗读给前人的墓前悼词，但"新阿尔扎马斯社"所有成员都是不朽的——由于新增成员都没有自己现成的"已故者"……所以，规定他们必须从"座谈会"和科学院的迦勒底人中，租一个"已故者"来致悼词……——译注

蛮人，说话带鼻音的教堂执事，瓦良格人诗歌难听的尖叫声。他并不认识他们中的任何一个，也没见过头发花白的希什科夫老爷爷和修道士希赫马托夫，但他感觉自己仿佛认识他们，见过他们。

他们悄悄在皇村中学附近徘徊。他现在还弄不清这些名字——所有旧事都在影响他的生活。被希什科夫赞誉为天才的苏马罗科夫①是一个嫉妒心很强的小矮子，而舒多夫斯基就是个恶棍。加利奇是个不受陈规束缚的人。他曾给他们做过一场关于讽刺文学的讲座。

讽刺分为人身讽刺（诽谤文）、个别讽刺和一般讽刺。诽谤文揭露某个人有感染性的思想和言行，以引起对其名誉的争议为代价，只有极端狂妄和不道德的人，他们对公共道德造成的危害是完全无法防备的……个别讽刺是任性的，它不分青红皂白地对待愚蠢、怪癖和恶习，包括肉体方面，并喜爱当代本土的怪人。

亚历山大的微笑凝滞在脸上，屏住呼吸，连笔记也顾不上做，聚精会神地聆听这位肥胖哲人的讲座。

不，诗歌可不仅是这种哀怨，也不只是被称为哀歌的音乐，更不只是他对少女埃维莉娜的爱情，她不仅可以出现在那种嘲讽修道士和女修道院长的无名讽刺作品里，她更属于所有讽刺形式。他迫不及待地想要和敌人对峙。难怪大伯被扣上了雅各宾党人的帽子。开战！

普希金、普辛和罗蒙诺索夫都收到了巴枯宁家的舞会请柬。

普希金一整天都忧心忡忡：毕竟这是他首次去社交场合公开亮相。埃维莉娜会在那儿等待他。但是，他不知道该怎样面对叶卡捷琳娜·巴枯宁娜。

---

① 亚历山大·彼得罗维奇·苏马罗科夫（1718—1777），诗人，剧作家。——译注

罗蒙诺索夫请福马大叔帮他清洗制服纽扣，并细细欣赏了一番，它们被擦得闪闪发亮。普辛让诺想要抻长裤腿，觉得自己长高了，但他打消了这个意图。

他们出发去参加舞会。普希金愁眉不展，感到难为情。他为巴枯宁娜写过太多诗，已经无法为今天这次见面或任何期待的事情感到开心了。

巴枯宁娜的窗子里还亮着灯光，女人们的身影在晃动，他忽然觉得喘不上气，笑了起来，他握着普辛的手对他说，今天自己打算跳舞。

第二个坠入爱河的普辛也有这样的打算。

舞会大厅里燃着几百支蜡烛，音乐家们在演奏小提琴。

巴枯宁娜白皙的脸上带着不匀称的红晕，歪着肩膀，微笑着迎接他们，这正是他害怕的。也许她并没有那么美。他还是第一次发现，她长得很像母亲。她母亲正被一群年轻小伙子围着，奇怪的是这些小伙子长得都很相似。他们都是些专门向女士献殷勤，谄媚讨好的货色，普希金很是受不了。老巴枯宁娜对他们十分亲切。两名毛皮披肩耷拉在肩上的骠骑兵向他们走过来，他们是索罗米尔斯基[1]和恰达耶夫[2]。这两位是有名的花花公子，他们的纨绔习气和明争暗斗在皇村无人不晓。他俩总喜欢一起参加舞会，身边被众多美人簇拥，但从来不和对方说话，也不正眼瞧对方。美女们轻摇扇子互相交谈。

---

[1] 巴维尔·德米特里耶维奇·索罗米尔斯基（1801—1861），近卫骠骑团军官。
[2] 彼得·雅科夫列维奇·恰达耶夫（1784—1856），作家，哲学家，《哲学书简》的作者。在与普希金相识时，担任御用骠骑兵。对年轻诗人有很大影响，1820年曾经斡旋，以便把因创作自由诗歌的普希金不是流放到西伯利亚或索洛维茨修道院，而是调往基希涅夫服役。恰达耶夫后来写道，说他和普希金的友谊是他一生中最好的时光。

埃维莉娜的女友们不知说起了什么，忽然笑了起来，于是这两位骠骑兵就像听到号令般向她们走去。

舞会开始了。巴枯宁娜和索罗米尔斯基跳开场舞。

其他人只能排在恰达耶夫之后。

巴枯宁娜很清楚这一点。他们开始谈论他最近刚被任命的话题。

恰达耶夫跳起了玛祖卡舞。

女士们和往常一样感到惊讶——他并不英俊，他的舞蹈一点也不热情洋溢，也没有绚烂的踏步。埃维莉娜突然说了句，恰达耶夫就是座雕像。大家都深表赞同。

他不慌不忙地跳着舞，他的微笑就像是给所有女士的缓慢的奖赏。女士们看着他也都微笑起来。普希金看他看得仿佛着了魔。

舞会后，他和恰达耶夫一道回去。恰达耶夫轻悄悄地走路，一次也没碰到树枝，更没有挥舞手臂。他的制服干净如新，他的身材匀称挺拔。快走到宿舍的时候，普希金感觉到，这一切都是恰达耶夫的聪明之处，而绝不是碰巧或偶然。

6

对于校长来说，普希金是最难管束，最难理解的年轻人典型，他总是努力拒绝自己的善意。

自从接手这所怪异又充满矛盾的学校，校长一直在努力搞懂这里，并试图使一切井然有序。他准备驯服这所学校，但只能用一种手段：善意。

叶戈尔·安东诺维奇·恩格尔哈特校长①希望各方面都朝正确的方向发展。生长在一个谦逊温雅的利沃尼亚②大城市里，他从一开始投身于国家事务工作起，就给自己定了个规矩，对任何事情不追根究底，但对于自己和他人的每一步骤都要慎之又慎。而在一切方面都出乎意料的保罗皇帝，却意外地任命他为马耳他骑士团文书。叶戈尔不明白皇帝为什么需要这个骑士团，他便把皇上的所有诏书都记得滚瓜烂熟，关于任何诏书的任何问题他都能够立刻回答。这给皇帝留下了很深刻的印象。皇太子亚历山大·巴甫洛维奇对一些诏书尚一知半解，恩格尔哈特便自愿偷偷做他的教师，帮了他的大忙。从那时起，他也明白了教育最重要的目的：教导学生避免不快和麻烦，教会他守秩序，有条理。1812年他被任命为师范学院校长。他学识渊博且宽容善良。他读过古今优秀哲学家们的经典著作，总能从最难以理解甚至是最无用的地方提取出一点有价值的东西。他不反对阅读和汲取现在正时髦的一些具有自由思想的哲学家的著作。叶戈尔·安东诺维奇早已习惯于社会氛围的改变和人们对新时尚的追求。他是一个颇具哲学和道德自由理想的人。

尽管受过这样的教育，可阿拉克切耶夫伯爵还挺喜欢他。叶戈尔·安东诺维奇习惯于不忽视任何偶然性，他在离皇宫很远的皇村给自己购置了一套别墅。和皇帝见面的次数很少，但都很愉快，很快又引起了皇帝的注意。

一天，叶戈尔·安东诺维奇被阿拉克切耶夫伯爵叫去，被宣布成为

---

① 叶戈尔·安东诺维奇·恩格尔哈特（1775—1862），教育家、作家。从1816到1823年任皇村中学校长。——译注
② 利沃尼亚，中世纪后期波罗的海东岸地区，即现在的爱沙尼亚以及拉脱维亚大部分领土的旧称。历史上曾由俄罗斯帝国统治。——译注。

皇村中学的校长。阿克拉切耶夫习惯于给年轻皇帝的所有罪行善后。在阿拉克切耶夫的办公室里，叶戈尔·安东诺维奇写了一封关于皇村中学的说明信。这所学校完全处于混乱状态，学生们行为放纵，肆无忌惮。令人难以置信。说明信写得很有说服力，并且很有尊严：他要求校长的行为不受到一些琐碎的条条框框所限制，因为"校长是学校的一家之长，应该像父亲管理家庭一样管理学校"。

这正是他们需要的态度。

阿拉克切耶夫甚至重复了一遍：

"父亲，一家之长。"

叶戈尔·安东诺维奇低下头，暗暗赞赏自己这个关于家庭的想法。

慢慢地，校长逐渐开始熟悉环境，寻找进入他们心灵的入口。他明白，只有低年级小孩子才是自己关心的重点，因为他坚信，高年级学生还有一年半就要离开学校了，他们哪怕是能有一丝改善的迹象就谢天谢地了。

他渐渐摸清了孩子们的兴趣、喜好和弱点。大多数弱点都是道德上的，必须坚决根除；而对于高年级学生的毛病不得不睁一只眼闭一只眼。但有一个情况令他惊诧不已：学生们的功名心时而隐藏起来，时而明确又炽热，第一任校长马林诺夫斯基以及他的好朋友库尼岑，都很赞赏并鼓励第二种状态。他们毫不怀疑地确信，学生们将来会从事高级别的工作，尽管学生们完全不知道他们毕业后会做什么。

首先他做的就是浇熄这炽热的火苗，第一任校长把学校带入了歧途，他得努力让人们忘记老校长。为此他着手将空洞并且有危险倾向的思想改为更加日常。他常常找科尔夫谈话，夸奖他有悟性。只有事业才能让年轻人得到幸福，而非为国家服务。戈尔恰科夫，罗蒙诺索夫，科萨科夫三人的待人接物能力和个人兴趣，决定了他们适合做外交工作。他回忆起自己年轻时是如何开始做外交信使工作的，他们坐在一起黏合外交信件的信封。粘信封可一点也不简单，因为外交信件用的信封不允许使用剪刀。他要求他们写紧急报告，记日志，让他们明白不同包裹的样式。他很愿意回忆，而他们也很愿意在就职工作前学到这些东西。

和年轻人在一起时，他充满善意地回想起了那些国王和外交官们的趣事。他参加过亚琛①大会，见过所有参会的国王们。戈尔恰科夫津津有味地听着。他便又给他们讲起了在这个不稳定但辉煌的领域工作所需要的灵活性和日常生活经验。

第二部分学生要简单些了：瓦尔霍夫斯基和玛秋什金。他们本该去军校，却阴差阳错来到了这所非军事学校。恩格尔哈特早期的经历使他有些害怕军事的敏感性，也不想把这些记忆带到皇村中学里来。否则阿拉克切耶夫伯爵就会干涉一切事务。不，事情还会更加微妙。要培养军人容易，要培养部长就难了。

他完全不反对斯佩兰斯基的教育理念，但他还想引入更温和更务实的教育方法。简单来说，他希望为学生带来幸福。而这种幸福的光芒也将照亮他——校长和父亲。

第三部分学生是最难管教，也是最危险的：也就是普希金、杰尔维格和丘赫尔别凯这三位诗人。丘赫尔别凯疯狂，善良且易怒，但极其单纯。捷利维格是一位冷酷好讥讽的人。

而普希金呢……

叶戈尔·安东诺维奇对如何安排这位学生的幸福人生有自己特殊的

---

① 神圣同盟第一届代表大会1818年在普鲁士城市亚琛召开。——译注

看法，普希金既然轻轻松松就在考试中赢得了杰尔查文的赞赏，并没有通过任何特殊渠道就获得了卡拉姆津等人的好感。在一定时间内，他应该引导这个孩子跨越某种界线。

首先，叶戈尔·安东诺维奇对诗歌表示认同，但他将诗歌当作一种教育手段，一种娱乐，就像深受女人喜爱的一种愉快又忧郁的事情。但是他不认为诗歌是一种激情。这些羽毛笔写下的残破碎块，还有普希金那灵敏、锐利、漫不经心的目光，一边咬着羽毛笔，一边露出古怪的微笑——这一切都是激情。他本打算试着触动他最敏感的心弦，但当有一天他在大厅里听到普希金粗野的笑声，普希金在嘲笑一位老诗人的无辜悲伤的一段作品，他全身发抖，他明白了：普希金可不是个温厚善良的人，而是个骄傲又无情的人。早年的学识，得到的赞赏，以及所有来到皇村中学拜访的作家们等，都助长了他的狂妄自大。并且，说实话，他的诗作是冰冷的，而诗歌本应该是温暖的。

在他的灵魂深处，叶戈尔·安东诺维奇不愿承认的是：如果能和卡拉姆津交好，他会欣喜若狂。卡拉姆津还来拜访过普希金。但当叶戈尔·安东诺维奇开始和普希金谈论他的诗歌时，普希金听到赞美时沉默，冷淡和无视，甚至都不愿对恭维话做出回应的态度令他感到畏惧。

叶戈尔·安东诺维奇既不是色鬼，也不是伪君子。他根本不把宗教当作唯一的消遣。但对属于教会的一切进行嘲弄，在他看来都是黑色的，是一种罪恶，有一丝批判和审判的意味。回顾自己早些年在马耳他骑士团的辛勤工作，他充分理解宗教的各方面特性，对于事业以及稳定体面的人生道路有何等重要的意义。但在见到普希金之前，他就听说过一些关于他的诗作的传闻，几乎都是罪恶的，关于修道士，修女等题材。他并不是个伪善的人，也不想知道这些东西。看来要走进这年轻人的内心只有一种方法了——女人。

叶戈尔·安东诺维奇是个阅历丰富的练达的人,非常清楚在重要的事务中,偶尔把女人的微笑和话语放在首位的重要分量。他本人也不算老,四十岁的和善的中年人。他现在仍然可以灵巧地跳舞。但真正困难的是,等他六十岁的时候是无论如何也不会重现二十岁时的风采的。他完全是为了让学生们变得文明守礼,在女性社交圈中变得稍微温和些。他很明白,普希金对他的冷漠和放肆从何而来。就像他曾去过的骠骑兵兵营一样。但是校长却无法组织这些来访。他决定在自己的住所举办晚会,并邀请自己相识的女士们和皇村中学的学生们参加。也许这样就能接近并驯服普希金。他见过这样的暴徒是如何在女士们中间,沉醉得像蜡油一样柔软,甘愿成为她们的"chevaliers servants u cavaliers gallants"①。

7

校长果断地抹去了家里一切旧主人的痕迹。到处都摆满了鲜花,画家在墙壁上画满了五颜六色的图画。如果不是普希金捣乱,晚会会很成功的。

在跳舞时他让人受不了了。首先,他跳得很烂,这也没什么,除了戈尔恰科夫,所有人都跳得不好,这也引起了很多笑声。但是叶戈尔·安东诺维奇的一位远亲——玛利亚·斯密特也在晚会上,这位年轻女士的命运让人感动:她是一名寡妇。于是普希金竭力表明自己已经被感动了——如果是被这位年轻寡妇的命运所感动,那倒不错,可是不,他是

---

① 法语:"忠实而英勇的骑士"。——译注

被这位年轻寡妇风韵犹存的魅力所打动了。

跳舞时他紧贴舞伴,气喘吁吁。叶戈尔·安东诺维奇惊讶地发现,这位年轻女士,自己妻子的亲戚,是一位很有教养的人,她的娘家姓氏是莎朗-列萝丝,尽管寡居,也丝毫不影响她那张绯红的脸蛋对于浪荡公子们的无尽吸引力。校长扬手示意音乐停下。和普希金的关系中还出现了一个创举,而这完全不是校长期待看到的,并且是很丢脸的事。在校长家里这个活跃的社交圈内的几乎所有年轻女士和青年们,都熟知这个年轻后生,甚至到了像熟知舒斯特尔俱乐部①的程度。校长感到嫉妒:他在晚会前就已经听说过巴枯宁娜舞会的事,感到很失落。在他的内心深处仍然渴望闪耀——可最终,玛利亚哪里比巴枯宁娜差了!她就是他晚会上谦逊的女王!这些还是他在晚会之前的想法。而在事态转变了之后,校长更加担心了:年轻后生和玛利亚一起不见了,他不得不亲自在自己家花园里寻人。人找到了,普希金今后将永远不再被邀请上门,但谁又能保证,明天或者一周以后,那个流氓不会在附近找个地方再次约会?

8

卡拉姆津于5月24日抵达这里并定居下来。因为沙皇随口说的一句客气话,历史学家离开了他心爱的莫斯科,因为这句话他等了五年。作为历史学家和沙皇未来的顾问,他得到的房子却十分不舒适,而且潮湿。中国村——按照中国风格修建,带天窗的尖顶房屋,房顶和墙壁上画满了复杂难懂的图案,距离随意任性亭不远,壕沟之外是未建完的工

---

① 鞋匠俱乐部(名字由来 Schuster-Klub)。——译注

程。四个被拆走了彩陶炉和壁炉的小房子，墙壁用彩色陶瓷砖装饰，其他部分还未完成，已经被遗忘了，成了蝙蝠的窝。

这些房子很小，因为这里是用来接待那些未婚的宫廷贵族的。一群中式房屋包围着可爱的小花园。其中一间卡拉姆津用作自己的书房，另一间供妻子和孩子们居住，第三间做厨房和仆人的居所。作家看着自己这几间漂亮的小房子，暗自苦恼。他害怕承认这根本不是房子，而像是玩具的事实，中看不中用，住在这里并不舒适。这些想法他没对任何人说起过。要不然一直为他奔走张罗的屠格涅夫会生气的。他在卡捷琳娜·安德烈耶夫娜面前，也永远是一副知足的样子。他一生的付出得到了回报。他成了沙皇的顾问。然而，如果他当初没去拜访阿拉克切耶夫，他便永远都没机会面圣。而拜访之后的第二天就受到了沙皇的接见。此外，沙皇现在散步时喜欢从他的房子路过，有一天还给他的妻子带了一束亲自采的鲜花。可是尽管如此，卡拉姆津内心的苦恼仍旧没有消失。他是个历史学家，是沙皇的顾问，沙皇亲自来登门拜访过，但却一次都没和他交谈，只有沙皇向他的妻子送花时，他才看见沙皇那迷人的白皙面孔上的表情。他的妻子是位美人。可是为了出版《俄国国家史》，就像他一生中所做的一切一样，他做出了明智的决定——顺从和等待。

从清晨起他便在自己的书房翻阅手稿，手稿上的字体大而清晰，他发现并纠正了一处错误。下午三点他穿上一件英式旅行西装，牵过一匹灰色骏马。他骑在马上，仆人牵着马走在前面。半路上他给仆人指了指路边的蘑菇，仆人上前将蘑菇采下。

这便是一次散步。

这次还没碰到皇帝，有可能他不会走到头，卡拉姆津几乎为此感到高兴。

随后是午餐和晚茶。

现如今,每天的工作结束后,他的生活便是轻松自由的,他在院子里感到愉快,而他在宫廷里怎样受到喜爱,沙皇如何不经常想起他,这些对他来说依然是个谜。

他像一个古老的斯多葛派哲学家一样微笑着忍受了自己的居所以及官职的似有若无。因此,当他听到不怀疑他的真实生活的普希金那飞快又静悄悄的脚步声时,他立刻啪的一声合上了正在翻阅的刊物。这就是为什么他因为普希金见到卡捷琳娜·安德烈耶夫娜时的眼神而原谅了他——那是无声的恳求的眼神,老历史学家十分明白其中的意义。

9

普希金第一次看到这样优美宁静的生活,还有这一双灰色眼睛流露出的关切。和他一起来的罗蒙诺索夫没有认出卡拉姆津。他习惯于普希金的沉默寡言,他知道普希金怕生,已经准备要站在阴郁的诗人身旁熠熠生辉。罗蒙诺索夫很聪明,这对他来说并不难。

可是普希金简直像变了一个人,根本没给他张嘴的机会。

他仿佛第一次感觉到自己,第一次找到了自我。仅仅三分钟后他就达到了目的:叶卡捷琳娜·安德烈耶夫娜放声大笑,卡拉姆津脸上露出惊喜的神情,这笑声他已经很久没听到过了。

第二天,他匆匆忙忙吃完午饭,就又跑到卡拉姆津家,这次他来得不是时候,历史学家一小时前出门散步去了。夫人在屋里做刺绣,看到他吓了一跳。"所有人都从这间幽静的小屋外经过,就差没从窗户往屋里看了。"她不满地解释道。

她非让他帮忙解开丝线，他跪在地上，聚精会神地盯着她纤长的手指敏捷平稳地从他的手上取下丝线。然后她又赶他走，她说，人们会四处找他，请他吃面包喝水的。他不应该回避自己的校长。普希金失望地离开了，她只把他当作一个中学生，仅此而已。

他已经忘记了去找骠骑兵的路，他对他们曾经是那么熟悉，而他们对他也曾经那么熟悉：他的命运如今已经被决定了。现在他每天都要往中国村跑。

而那位年轻的寡妇呢？莉拉呢？

但这和中国村没有任何关系。即便在这里想起她都是犯罪。主人不在家时他从没想过其他任何人。可是她却把他当作一个中学生，仅此而已。

10

在校长看来，他是个中学生，但与此同时，他能够胜任任何事情。

每天傍晚校长都会小心翼翼地从阳台张望，有两次他看到普希金匆匆离去的身影。要是别的学生，他会叫住他，并进行一次或多或少真诚地谈话。但是叶戈尔·安东诺维奇不能阻拦人家晚间散步，他想他今后一定不允许低年级学生这么做。他紧锁眉头：很明显普希金去了骠骑兵兵营。不难想象自己的那位教育成果在马厩旁的画面！而现在，校长发现这些冒险已经结束了，他每天晚上都去卡拉姆津那儿，这就完全是另一回事了。校长机械地转过头来，想看看年轻寡妇是否在这儿。可是他常常无奈地发现寡妇并没出现。因此他开始在皇村花园里独自溜达，暗自害怕会看到什么意想不到的场景，他不信任年轻寡妇，因为她只有在他到的那天，礼节性地哭了一下。而且她既年轻，又可爱。

年轻的寡妇感到无聊，叶戈尔·安东诺维奇无法令她开心。这个中学生还是个愣头小子，但她在第一晚就注意到他了，可能就是因此她才觉得寂寞无聊吧。她跳舞时连呼吸都变得断断续续，脸上一片红晕，以至校长立刻提高了对普希金的警惕。

巴枯宁娜是埃维莉娜。普希金便唤她为莉拉。这名字听起来像一个吻。

校长害怕在花园里碰见什么意想不到的场景，他是对的。他很可能撞见男女接吻。他们正在那里约会。她有些无助，顺从又渴望，这些罪恶的吻太久了。他第一次感受到了掌控女人的感觉，她彻底沉醉在他的温柔里。是的，他是个中学生，她也确实是个年轻寡妇，但这只能让他更加对她欲罢不能。在每次约会中，他总能感觉到她那死去的丈夫嫉妒的阴影，也许这是他对生前爱人的报复。除了那位过世的丈夫，还有另一个影子：直觉灵敏的校长，正在皇村的花园里徘徊，暗中窥伺幽会的恋人。

11

恩格尔哈特还有另外一个目的，就是希望能见到皇帝。一次偶然的相遇，一个漫不经心地点头，都会给他以及皇村中学带来长达多年的荣誉保证。校长在散步时经常畅想未来。他希望自己的学生都能幸福，而这幸福也许容易得就像一阵清风，从宫廷吹到皇村中学，吹拂着这里的学生，也吹拂着他——他们的父亲。在陌生人看来，校长的成功得来很简单，但实际上他经历了极大的艰辛。

他和这些孩子以及毕业生的友谊，以及他们对未来共同的希望都在增长。如今不仅是通过舞会和交流思想而结成的"外交官"式友谊，除了戈尔恰科夫、罗蒙诺索夫和科萨科夫,他仁慈公正地解决了马林诺夫斯基和丘赫利亚的争执,并因此赢得了普辛的友谊,和他交了朋友。

只有那个"斯巴达人"瓦尔霍夫斯基,这个前任校长的走狗,虽然每次见到他都恭恭敬敬,礼貌周到,但脸上却没有笑容。瓦尔霍夫斯基的高尚正直有点儿夸张过分了。千万不要走火入魔啊,年轻人!

而且,品德最高尚的瓦尔霍夫斯基和品行最恶劣的普希金还没喜欢上他。

他已经能够确定这两人的未来:瓦尔霍夫斯基,因其直率和富有激情的高尚品德,当然应该去军事部门,文官职位对他来说太别扭了。愿上帝与他同在!暂时不需要去考虑他的问题,也不能指望他能过得多幸福。

但普希金就是另一回事了。

校长痛恨他的傲慢和无情,也根本不想为了他的将来做任何事情。但是自己却是他的教育者。是否能从皇村中学走出幸福的外交官们,是否能从这里走出幸福的诗人,他都不能确定。要记得,皇宫离这里很近。要是在花园里逮到热情澎湃的……天啊!也许会更过分!那可是个年轻寡妇,校长又害怕走近宫殿,又禁不住想过去。

12

现在,每天早晨唤醒普希金的是一个全新的目标:他要确保晚上坐在圆桌旁,看到她,听她说几句法语,普希金至今见过几次她和其他女人闲聊,她说法语时并不像自己母亲那样发音不准,喉音重。在这个房子里,在这张桌子旁,只要她在场,一切就会特别平静。卡拉姆津的问题很少,这位伟人的嘴巴干涩得皱巴巴,还有这些寺庙博物馆一样的建筑群里的宁静，孩子们很少淘气，而她，灰色聪慧的双眼，她的一切。他无法想象这个房间里没有她会是什么样。两周以来，他早已忘记了去找骠骑兵们的路，因为在皇村的时间太短暂了！虽然这样很难，她也禁止他这样做，他每次来还是没有实现约会，因为他不喜欢看到他们两人在一起的样子。中国村离皇村中学只有几步远。一天他过来之后，发现她不在家。正值多雨的炎夏，他看到卡拉姆津一个人在家，裹着毯子坐在仆人为他修建的炉子旁。此刻他不是沙皇的顾问，而是一位普通的，一个人待在自己漂亮又阴冷的书房里的老文学家。

而他自己也挺冷静的，什么都不能打破，实在说也不该打破这里的宁静：维亚泽姆斯基说过，他已经彻底献身于历史学了，他说得对，这是一次伟大的献身。如果整个国家都能像他建议的那样走向渴望已久的安宁，全部安宁的历史也按部就班，成为一个唯一可能的历史，虽然并不那么令人感到慰藉——那么，他的整个一生也就自然会得到安宁与和谐。是的，俄罗斯的安宁是建立在针对其人民的鲜明强硬的权力体系之上的。反对这一公认的自然规律是不明智的，也是无益的。他生活的平静也是建立在和一切存在和解的基础上，尽管有时也会有不愉快。为了长久的幸福，他已经和一切和解。尽管偶尔空虚感会刺痛自尊心，但他仍旧秉持着信念。

他终于等到了迟迟不来的幸福。沙皇突然允许出版《俄国国家史》。就像上次他拜访阿拉克切耶夫后立刻受到接见一样，沙皇为卡捷琳娜·安德烈耶夫娜亲采鲜花的第二天就允准了此事。他满腹狐疑。算了不去想它！现在更大的痛苦开始了：不知为何这本书要交给军事印刷厂印刷。而这个印刷厂的负责人——扎哈尔热夫斯基将军，对命令可比对《俄国国家史》更加礼貌周到。今天他从这位将军那里收到了退回的所有作品原稿，要求他送去审查。可是国家级别的历史编纂学家还需要什么审查！他的手稿只有皇帝才能审查。这个级别很低的小将军嫉妒他在皇村的待遇，好像也超出了自己的权力范围。也许没有超出？安静！他突然非常想见到普希金，这个蟋蟀，好容易忍住了。他知道，假如，这个搞笑的普希金的侄子，总是用奇怪的目光盯着女人们，写一些奇怪的诗作，不肯在学校好好待着的年轻人，是否很快也会变得老成持重。青春和教育吸引了卡拉姆津的注意：斯佩兰斯基的活动是多么轻率鲁莽，到处创建这些没有体系和规划的学校！多么不幸的未来的种子们！

然而，现在可以与之共享这宁静的、充满优渥关怀世界的独特的人们，是阿尔扎马斯社成员，是这些皇村中学学生，是他们的热情，胡诌，慌乱，还有没完没了的笑声和争论。他请求普希金为他读一些新鲜的东西，普希金拿出一张纸，突然又红着脸重新塞进了口袋里。卡拉姆津耸了耸肩，低声请他读一读。他知道普希金无法拒绝这样低声的请求。普希金忸怩不安地开始朗读，渐渐地越读声音越大。

在听完皇村中学诗人蟋蟀的朗读后，卡拉姆津突然明白了，普希金把这首诗带来，就是为了读给他的卡捷琳娜·安德烈耶夫娜听。

我的岁月何等漫长[①]……

…死有何妨，只要心中有爱！

他是怎样读出这最后一行的呀！
他这是写给谁的？

[①] 摘自普希金的《愿望》(1816)。——译注

不过这首诗写得非常美妙。卡拉姆津微笑着，点了点头，什么都没对诗人说，终止了和他的友谊。

没错！他害怕承认，要不是有皇村中学这些年轻人，他在这儿就是个孤家寡人。他前几天完成了给自己鸿篇巨制写的序言，却不知道读给谁听。屠格涅夫正陷入困境，已经很久没露面了。有一天，当外交官罗蒙诺索夫和普希金到他家做客时，序言的文稿就在手边，于是他便给他们第一次读了自己的序，自己的"信仰"。从读第一句开始，他就看出了需要修改的地方，之前没注意到。"历史之于人民，正如《圣经》之于基督徒"，他一边读一边不时停顿，观察听众的反应。哦，那年轻人聪慧的眼睛！所有包含崇高和模糊含义的词语，在皇村都获得了真正的意义。"《圣经》"，"基督徒"——上帝保佑，这也正是戈利岑说过的，戈利岑此刻应该坐在离这不远的皇宫里，也许，正在解释《圣经》和基督徒。他没有修改，而是当着两位年轻人的面又添了一句："历史是人民的神圣之书。"

他边读边看普希金。"我们所有人都是公民——不论在欧洲，印度，墨西哥还是阿比西尼亚[①]"每个人都和他的祖国息息相关：我们爱它，因为我们爱自己。就让希腊人和罗马人在想象中遨游：他们属于人类的大家庭，他们和我们有着共同的美德和缺点，也有着同样的荣耀和灾难。但是俄罗斯的名字对于我们有着特殊的魅力：比起费米斯托克[②]或西庇阿，我的心脏为波扎尔斯基[③]跳动得更加强烈。

"……我们应该知道，自古以来暴乱的冲动是如何搅乱公民社会

[①] 埃塞俄比亚的旧称。——译注
[②] 费米斯托克（约前525年—前460年）雅典统帅，民主派领袖。——译注
[③] 波扎尔斯基（1578—1642），公爵，大贵族，俄国统帅，民族英雄。——译注

的……"

普希金安静地坐着，他的眼睛很像母亲，让历史学家不止一次想起"美丽的克里奥尔人"。那双眼时而炯炯发光，时而又暗淡下去。如此安静，就好像大家都没有了呼吸似的。对，这才是他真正的聆听者，他就是为了这样的聆听者才甘愿被禁锢在这漂亮中国村里的一个鸟笼子里边。当他读完后，又想回忆一些第一页的内容，普希金迅速地给他背诵了一遍。自从他奉命来这里等待接见以来，他不得不在妻子面前强颜欢笑，掩藏忧愁、空虚和衰老，此刻老作家终于感到幸福了。他站起身，从普希金身旁走过，摸了摸他的手，走到门后，擦去了眼泪。

他将放在自己膝头用于校对注释的文稿读给年轻的诗人听——关于那些幸福的无忧无虑的年华，关于红太阳弗拉基米尔大公的盛宴——弗拉基米尔下令熬出三百罐蜂蜜，在瓦西列夫和贵族宾客们欢庆八天，畅饮浓郁的蜂蜜。"从那时起，"他给普希金读着，"整整一周时间，这位大公在宴会厅宴请贵族、卫士、百人长、甲长、名人和显贵们。"

普希金心不在焉地在房间里四处打量，突然明白自己是在找纸笔。他看到桌子上有，便立刻拿过来，开始咬笔杆子（坏习惯），他不时停下来问，什么是"卫士"，得到的回答是，卫士即大公的持剑侍从，他写了下来，又开始咬嘴唇（谢尔盖·里沃维奇把他教导得多好！）。卡拉姆津解了闷儿，回答了这些问题之后，又开始解释文章内容，因为不是所有人读书时都会提问题。

——要是能采用古代语体写既朴实又优雅还带有戏谑色彩的旧体诗就好了。

但普希金并没看他，卡拉姆津的建议令他皱起了鼻子。普希金的古怪脾气令人惊讶，简直和谢尔盖·里沃维奇一模一样。或许他不喜欢

"长诗"这个词吧？可是他自己也写长诗呢——比如《伊利亚·穆罗梅茨》①，他也不觉得这有什么不体面的。俏皮、得体、优雅正是这一体裁的要求，这可绝对不是无关紧要的小事。普希金两眼乱转，啃着铅笔，不肯再听他说话，于是卡拉姆津轻轻伸手拿过他的铅笔。不，他应该没有生气，只是他的思想在游移不定。最后终于能和他交谈了。不，这不是谢尔盖·里沃维奇，这样飘忽不定的思绪有点像他的母亲，那位美丽的克里奥尔人。他的脸长得也像母亲。卡拉姆津请求诗人为他读一些新鲜的东西，普希金便掏出了一页纸。

13

这一年他们不约而同地更喜欢游荡，而不喜欢上课。没有人想要安静，纪律早已被忘到脑后，教授们只关心考试，因为可能会影响到学生和自己的未来。现在黑桌子后边坐着的只有不识字的粗人米亚索耶多夫。库尼岑消沉下来，背也驼了。他变得很严厉，冷漠地捧着笔记本提问科尔夫，如果他遗漏了什么便予以纠正。他从来不拿笔记本提问普希金，而普希金也几乎从来不记笔记。但普希金还是听课的，在所有教授的课里他只听库尼岑的课，这两人好像都十分理解对方。科尔夫总是被教授的偏心气得直攥拳头。

但是有一天他爆发了，就在他给大家解释社会契约的时候。

他说："专制君主将其废止，而最高权力属于人民——双方都彻底地废除了契约。"

---

① 伊利亚·穆罗梅茨，勇士，俄罗斯 12—16 世纪壮士歌中的主人公之一。——译注。

他突然沉默了，脸色变得通红。丘赫利亚正在唰唰地做笔记，墨水飞溅到了四面八方。

库尼岑平静下来，温和地让大家写下来，他讲的这些都是很久以前的事了。

丘赫利亚放下了笔。

现在他们散步的范围受到了限制：庭院在皇村里面。不能喧哗，必须排好队规规矩矩地走，皇帝甚至在民间也喜欢让一切秩序井然，要是看到有人不规规矩矩走路，皇帝就会暴跳如雷。

大家一劳永逸地默默达成了共识，普希金、杰尔维格和丘赫利亚从此不再散步了，他们总是并肩走在众人身后，争论着贺拉斯、卢梭、帕尔尼、希什科夫老爷爷、希赫马托夫和席勒，还讨论女性的不忠行为。

现在，他们都已经发表过作品，他们读的都是新书刊——丘赫利亚的母亲甚至还从莫斯科给他订购一本旧派杂志《两性离子》①，为此她支付了十五卢布，还放弃了一次来皇村中学的旅行。罗蒙诺索夫甚至给自己添了个专用书柜，他有不下两三百本书籍。布德利给丘赫利亚搬来了好多书——丘赫利亚读《威克菲尔德的牧师》② 时落了泪；而普希金一看到格雷塞的作品就立刻读了起来。

丘赫利亚是个极好争论的人，捷利维格几乎总是和他意见相左，普希金则享受争论。每个人都坚持己见。有些观点极端得惊人。有一次丘赫利亚说贺拉斯是自负的上流社会花花公子，和科尚斯基一样是个学究，听得大家目瞪口呆，于是便停止了争论。还有一次，普希金反驳丘

---

① 《两性离子》是由阿·梅尔兹利亚科夫于1815年在莫斯科创办的一家文学刊物。——译注
② 英国作家哥尔德斯密斯的感伤主义小说。——译注

赫利亚，后者走到哪儿都不停地用希腊语嘀咕荷马，并试图以悲伤的语调阅读荷马，还说荷马是个呶舌的家伙，他和捷利维格都为丘赫利亚如此入迷而心中暗喜。现在，普希金加入了阿尔扎马斯社，他忍不住想听到丘赫利亚称赞希赫马托夫－利夫马托夫，听他吟诵关于赞美彼得的诗歌。

戈尔恰科夫喜欢这些轻柔的诗句，还到处摘抄，不知何故，戈尔恰科夫给他看了一首法国大革命时期的小诗，诗中对三个姓氏进行了百般嘲弄：

> Vit-on jamais rien de si sot
> Que Merlin, Basire et Chabot?
> A t'-on jamais rien vu de pire
> Que Chabot, Merlin et Basire?
> Et vit-on rien de plus coquin
> Que Chabot, Basire et Merlin? ①

一小时后，普希金给丘赫利亚读了一首诗，诗中以同样方式嘲笑三位姓氏首字母为 Ш 的公爵。

> 希什科夫，希赫马托夫，沙霍夫斯科伊。
> 希赫马托夫，沙霍夫斯科伊，希什科夫。

---

① 原文为法语。——译注

"座谈会"成员的绰号是为了放在讽刺短诗里而取的。丘赫利亚搞清楚了,谁写了这些诗,并找到了所有讽刺短诗,不过它们真的不配称作诗。

现在,在上完了库尼岑关于古代部族的课后,他们沉默了很久。他们已经习惯于在散步时聊历史故事。五年来,他们每天都经过湖中的切斯门有古战船船头形装饰的圆柱,卡古尔方尖碑对每个人都有各自独特的意义。很可能是杰尔维格在其诗中喜欢提到渺远的古代。每次经过冰冷的卡古尔方尖碑,他总会把手放在上面摸一摸,惊讶于触摸到的冰凉。

恺撒在战胜拿破仑后回到了这座宫殿,所有人都等待他带来奇迹。现在,有时是他,有时是皇后,每周都来住上三四天。他在两次欧洲例行代表大会之间会有些闲暇时间。皇村中学的人都习惯宫廷侍女们那种特别的、摇摇晃晃的匆忙步态,她们总是急急忙忙地经过。

后来有几次他们看见了他,体态丰满,淡黄色头发,走路挺着胸膛,迈着小步子。他们知道,他是要去巴博洛沃,还要去宫里和警卫司令的小女儿约会。戈尔恰科夫气喘吁吁地讲述这件事。他不知从哪儿得知关于皇帝的一切:何时起床,何时祈祷,和谁共进午餐,和值班军官说话多还是少。他认为这些消息是政治性的,因此只告诉特定的几个人。他知道军团所有新制服的样子,还知道是皇帝和阿拉克切耶夫一起发明的新样式。

宫殿一如既往地安静,几乎所有窗户都被遮住了。谁在那里住?是那位击败拿破仑的半神?北方的恺撒?或是阿拉克切耶夫的朋友,身材肥胖的戈利岑?主楼梯上的哨兵挺立得像雕像和纪念碑一样。

很快他们就知道了,自己不会在皇村中学待太久:拉祖莫夫斯基伯爵下令要在三个月内尽快毕业——到1817年6月,"这里应该连一个人影儿也找不到",马林诺夫斯基用自己那种哥萨克口吻说道。他们开始猜测,是谁逼迫他们离开。戈尔恰科夫巧妙地暗示,是校长干的。

"这位可敬的亲爱的校长大人恨不得立刻把我们赶走,"他说,"因为如果他取得了成绩,就可以不把荣誉算在我们毕业生头上了。"

但是玛秋什金对此十分愤怒。

普辛相信校长,因此他也表示异议。他说了一句:

"是沙皇的意思。"

可问题是,为什么?普辛意味深长地回答道:

"因为我们太吵闹,而且爱看热闹。"

14

她是一个著名作家的妻子。她的生活相当平静,除了目前由于这种半宫廷官员的身份的不确定性导致的一些不便。冬天她会在庭院附近出现。她丈夫耗费多年心血完成的巨著很快就要出版。第一份校对稿应该马上就能送到了,丈夫等得很不耐烦,而她也一如既往地十分关切,她知道,他最喜欢的就是自己帮助他修改。现在他们每天都会一起坐在这张桌子旁,做这项工作,他们整理准备送到印刷厂的文稿,检查注释,在她的中国小屋中,在鲜花的环绕中工作。鲜花太多了,每天都有人从宫里送来。她很清楚,为什么丈夫的《俄国国家史》得到了期待已久的出版许可。而他好像还不太明白。也好,正好她有这些本事,她自己对此一清二楚,她的步态,眼睛,声音,都是不可侵犯的。在皇村生活没有乐趣。但是她喜欢经常在傍晚来访的学生,喜欢他们的笑声和争论。普希金,有点怕生,活泼机灵,每当她一走近就有些羞涩,他的双眼很忧郁,每次都得用微笑和话语鼓励他。上帝啊,关于这个"座谈会",她丈夫的可笑的敌人,当她看着他时,从他口中说出的玩笑是多么滑稽啊!他才十七岁,有时想想感到可怕,他们都那么年轻,而她已经三十六岁了。

她曾经平静而又幸福。

但现在她却不幸福。

没有人知道,什么最能让她安心。最近已经有好几次,她失控般地和可怜的继女吵架,咬着手帕哭着,一大早就想离开自己居住的这个温室暖房,离开智慧超群声名显赫的丈夫,离开孩子,去一个人生活。自童年时起,在她的一生中有过几次偶尔的失败。她从小在奥博莲斯卡姨妈家长大,姨妈是个老处女。每逢节日她就被带到维亚泽姆斯基家的大房子去,她会吻一吻老伯爵肉厚的脸颊,老伯爵也摸摸她的头顶。她知道这就是她父亲,她不安地隐约预感到一种不可挽回的不幸。她的姓氏不是维亚泽姆斯卡娅,而是科雷万诺娃,她也不是公爵小姐。她多次询问自己的姓氏从何而来。姨妈解释说,是以她出生的城市——雷瓦尔①的俄语叫法是科雷万,由此得来她的姓氏科雷万诺娃。一次游园会上,姨妈指着一位白皙的美人告诉她,那就是她的母亲。那一次是她第一次也是最后一次见到自己的母亲。她一直无亲无故,还曾听到家庭女教师背地里说她是私生女。从那时起她就养成了咬手帕的毛病。她二十二岁时,爱上了一个贫穷的陆军中尉,对方的姓氏也很平庸——斯特鲁科夫。但她非常爱他,于是家里很快把她嫁出去了。老公爵给了她丰厚的嫁妆,她成了富有的新娘。家里把她嫁给了她父亲的好朋友,一个聪

---

① 爱沙尼亚城市塔林的旧称,丹麦语 Revel。——译注

明，细心，有名的人。对方是个鳏夫，年长她十四岁。

她一下子就安定了下来，成了有名望的丈夫的忠实妻子，他孩子的母亲，也成了丈夫女儿的继母。

不，她不是一个好继母。她自己从小无父无母，本应属于她的位置被她的兄弟姐妹占据——甚至包括红头发的聪明爱笑的彼得·维亚泽姆斯基。而现在她发现，这里的位置仍然被丈夫的第一任妻子丽佐尼喀占据着，她的画像还挂在继女索纽什卡的床头，卡捷琳娜·安德烈耶夫娜还听得出自己丈夫很少见的特别的叹息声：他是在为亡妻叹气。她性格沉静，面容姣好。不过，虽然她之前很苗条，但慢慢开始变胖了。她步态平稳，灰色的双眼专注而又明亮，高耸的胸脯是最先开始发胖的部位。她脸上还没长皱纹。她的日子过得不错，每天都为丈夫读报纸。一天她读到了一篇关于远方的无名英雄的文章，文章赞扬斯特鲁科夫中尉的惊人勇气，他击退了进攻要塞的一支精锐的高加索山民分队，并受了重伤。陆军中尉因此被提拔为陆军上校。她为丈夫读完了所有外国新闻，随后便病倒了。

彼得·维亚泽姆斯基就像怕火一样害怕她。他私下跟自己的好朋友们说，这女人的性子很可怕。她开始注意到，身边好多人都在暗暗可怜她的继女。而且实际上继女的怨怼也真的很可怕，她对此心知肚明。她也心疼索尼娅——却遂使自己的生活变得不可能了。

卡捷琳娜·安德烈耶夫娜的生活很忙碌：她有一个继女，一个七岁的女儿和两个儿子。她每天一大早就和丈夫一起阅读校对稿。每当丈夫骑着自己那匹灰色的小马出门散心时，她就会深深地呼出一口气。普希金吓坏了她，可她一点也不生气。他年少又腼腆，他那断断续续的笑声以及不大的褐色眼睛里射出的目光让她发笑。

这眼神终究还是对她的赞美，对这个绝望的青年来说，好像她已经三十六岁这件事压根儿不存在。而对于她来说，这样的眼神要比总盯着她的皇帝的眼神可爱多了。她对皇帝那种眼神的第一反应就是立刻走开。可是想到丈夫，他的著作，出版，孩子们……她留了下来，并决心绝不认输。

当她即将去面见皇后，并且裙子已经从彼得堡送来的时候，她突然病了，哭了一夜。第二天皇帝派人询问她的健康状况，还给她带了鲜花。当她和丈夫一起应召去参加宫廷舞会，站在人群拥挤的门口时，皇帝十分难为情地站起来，请她坐在自己的座位上。作为维亚泽姆斯基的私生女，她明白，大家都在背后窃窃私语，所有人都嫉恨她。皇村管理员扎哈热夫斯基一看到她气得脸都白了。而正是他负责军事印刷厂，就是那个将要印刷她丈夫著作的地方。她决心不会认输。

说起来奇怪，她觉得自己有一位盟友。哦，当然不是她丈夫，因为他从不猜疑，甚至根本不去想象这些危险。他写了很多关于所有君主和统治者的著作，还写过历史上的各种黑暗事件和牺牲者们，不久前还刚刚写完一个关于伊凡雷帝的章节，他认为沙皇不会邀请他并因此感到苦闷。可她猜出来了：他不了解沙皇。作为女人，她一下子就明白了他的意思，明白了邪恶和残酷，女性的软弱和男性的怒火。

一天他们刚吃罢早餐，她的丈夫前一天得知，皇帝将在宫里和他见面。这会儿仆人通报说皇帝派人来了。卡拉姆津已经打好了领结，领结又翻过来了，他便站在镜子前整理。普希金也在。丈夫斜着眼看普希金的样子让卡捷琳娜·安德烈耶夫娜大吃一惊。她很熟悉那个含蓄的微笑，作家对所有领章和绶带、安年斯基勋章、戏剧演出等，都会露出这样的笑容。普希金迅速瞥了他一眼，两人便一同笑了起来。她高兴得脸红了，不知为何，她真的很喜欢看到自己的丈夫，一位著名的学者，一位史学家，和这个中学生平等地交换目光。

然而，宫廷侍从并不是来邀请历史学家的，而是奉命给他的妻子带来一束鲜花。卡拉姆津干巴巴地表达了感谢就再也不说话了。也许这算不上一种侮辱，但毕竟这差不多意味着已经敲定的见面被取消了。

普希金变得脸色苍白，什么也没说，很快就告辞离开了。普希金走后，卡拉姆津呆呆地看着他离去的身影，摇了摇头。

卡捷琳娜·安德烈耶夫娜让人把鲜花拿远一点，放到门外去，屋里很沉闷，她又咬起手帕来。

15

皇村中学里有一些秘密。显然普希金有事情瞒着普辛，而普辛还是敏锐地察觉到了。终于一切水落石出，普辛知道了亚历山大的秘密约会。有一段时间他觉得自己都快不认识普希金了。同时爱上巴枯宁娜并没有改变他们——普希金还是很快活，用粗鲁的玩笑嘲弄米沙·雅科夫列夫，冷血地讥讽丹扎斯，只有咬笔尖的时候，他才独自一人，目光静止——开始写诗，普辛便不去打扰他，因为已经习惯了。可现在却是另一种情形：普希金总是漫不经心，完全变了个人。当普辛有一天在花园附近看见他和年轻寡妇在一块儿，他很高兴。真相大白：普希金又一次恋爱了。令他有些惊讶的是，普希金压根儿没打算像风流鬼一样藏着掖着，而是很乐意谈论这场恋爱，以及那位年轻的寡妇。

不过按校长的意思，年轻的寡妇不可能是造成普希金长期忧郁，性格大变的原因。普辛不得不同意这一点。

以前他总去找那些骠骑兵，那时他要快活得多。而现在除了卡拉姆津家，他哪儿也不去。

然而普辛现在也有事瞒着朋友。亚历山大有几次注意到了，普辛、瓦尔霍夫斯基和丘赫利亚就像有人下令了似的，几乎同时从学校消失。有一天连杰尔维格也离开了。他感到好奇难耐：他们几个是不是有什么共同的秘密没告诉他？

不过他很快就从丘赫利亚那儿得知了这个秘密。丘赫利亚是个坚韧不拔的人，但就是守不住秘密。原来，亚历山大去找骠骑兵们那会儿，他们也结识了一些近卫军官兵。他们开始懂得，丘赫利亚说，不懂得人的人和牲口没什么区别。他们一群人住在这里，布尔佐夫是他们的头儿。丘赫利亚坦白地说，自己觉得他是个聪明人。亚历山大记得这个布尔佐夫，他在骠骑兵那儿见过他一次。布尔佐夫枯燥无趣但很有礼貌，几乎只和恰达耶夫说话，骠骑兵一张口唱歌他就马上离开。布尔佐夫是司令部的，骠骑兵们不喜欢司令部的人。他一走，就有人说他是乏味的人。

丘赫利亚还让他严格保密，说布尔佐夫是库尼岑的朋友，库尼岑跟他喝茶时，给他讲了所有关于政治制度和亚当·斯密的课。亚历山大感到震惊，一个近卫军几乎成了皇村中学的学生。这可是新鲜事。

丘赫利亚压低声音告诉他说，他们都毫不怀疑：阿拉克切耶夫和戈利岑违反了社会契约，他们已经背叛了社会契约，1812年战争胜利至今，奴隶制依然没有被废除。等了一年又一年，可现在，如果到年底还不废除的话，那就意味着这是一场谎言。

不过话说回来，人类总是在毫不间断地完善着自身，一切都证明了这一点。然而如果从贵族阶级方面说，则他们随时都在攫取各种形式的权力——社会之恶即来自于此，这一点无疑已得到布尔佐夫的证明。瓦尔霍夫斯基同样也可以证明这一点。我们不应该灰心丧气淡然对之,目前这是最主要的。如若不然,人就会被群氓即宫廷显贵们所吞没。世俗的成功就是毒药。丘赫利亚还说了很多。

目前一切正如他所说的那样!

亚历山大沉默了。事情果然如此!

他的朋友做什么都比他更专注。他浪费了多少时间啊!他克制自己,害怕眼泪会喷涌而出。怎么会这样!他们对他保守秘密,好像他是一个不学无术的纨绔子弟,是个不懂事的小孩儿,是个无可救药的淘气鬼。那也难怪阿尔扎马斯社的成员都戴红帽子!难怪大伯也成了红帽子们的一员!这是雅各宾党人的帽子。在皇村中学的时间还剩下不到一年了,他第一天戴上了红帽子。

他是个阿尔扎马斯社成员!再说他还有恰达耶夫,那个苛求细节的聪明人,一个小指头的知识都比他所有朋友加一块还要聪明。但是杰尔维格,杰尔维格呢!竟然瞒着他!他哭了,但自己还不愿意承认。今晚他要去找骠骑兵们,恰达耶夫想约他单独聊聊。他怀疑宫廷的沉默就是背叛!恺撒的巡游就是背叛!不是对不知被谁过早终止了的社会契约的背叛,而是对1812年无言契约的背叛。他什么也没说,扔下丘赫利亚就走出了门。再过半小时,恩格尔哈特校长就要回家了,今晚他要去找骠骑兵。就这样等到晚上太久了,要浪费多少时间!他明天或者今天会跟恰达耶夫说明白。可为什么不是现在呢?

他撞见了校长。

校长跟着他来着。

他扬着头,脸上挂着怡然自得的微笑。他很满意。他扬起眉毛低声对亚历山大说,让他别去上今天所有的课程和讲座(就好像他正在忙于应付各种课程和讲座似的),并立刻去给卡拉姆津传话:涅列金斯基—梅列茨基①来了,想跟他谈一件很特别的事,容不得片刻耽搁。

16

在中式小房子里放了张讲究的餐桌。客人在上座,亚历山大坐在他旁边。客人是个挺讨人喜欢的小老头,身材矮壮,绿松石色的眼睛,白头发在脑后扎成一条小辫子,并用丝带绑了起来。长辫子十六年前被剪掉了。这位宫廷老臣和年轻人打招呼,嗓音柔和动听,略微嘶哑。他愉快地用餐,白色短上衣包裹着的肚子上下起伏。他边吃边同卡捷琳娜·安德烈耶夫娜争论着,后者很开心:老涅列金斯基是她父亲一族的远亲。他毫不避讳自己年轻时是她的仰慕者。

廷臣说道:"天使般的女主人,这些桃子真是甜美多汁。您看,它们的汁液就像烟雾,又像梨汁一样清澈,像阳光一样。"

卡拉姆津笑了起来,就像三十年前在老人们面前一样。

廷臣又对亚历山大说道:"年轻人,您要学着在这个房子里享用水果。不是哪里都有美味珍馐和理解。昨天我们和将军共进晚餐。用陶器盛我最喜爱的荞麦粥吃。我承认自己深受感动。还有狗鱼——我为此深深鞠躬。牛肚,乳蘑炖鹅——我为此感激不尽。但是接下来……接下来……哎呀!是盐渍梨子、盐渍甜瓜和盐渍桃子!这难道不是对大自然的亵渎吗?把这些水果搞得和黄瓜或者卷心菜没什么区别了!"

他绿松石色的眼睛闪闪发亮,包裹着白缎子的肚皮微微晃动。

这小老头是个馋嘴货。

---

① 涅列金斯基—梅列茨基(1752—1829),俄国颂歌诗人。——译注。

餐后,卡捷琳娜·安德烈耶夫娜不想打扰他们,便离开了。他们坐在沙发上。但是尤里·亚历山德罗维奇并不急着谈正事。他那对绿眼珠打量着普希金——卡拉姆津向他力荐的诗人——已经看出了这小伙子有些忧郁和胆怯,还看到了他嘴角和眼里某处闪过的一丝调皮的微笑。老头觉得有必要奉承他几句,让他呼吸一点巴甫洛夫斯克的空气。他可是宫廷内部最主要的发起和召集人,也是前朝首席宫廷诗人。

因为没有女士在场,他立刻就说起了这件事。

他看着两位说:"有人告诉我们,上个礼拜,来了一个牵马的人,此人擅使手段,他的马无所不知,问它什么问题都能用不同的姿势回答。皇后听说了这件事,决定对其进行一次非正式的检验。这个牵马的人被带进了客厅,开始表演。那匹马确实聪明,或者它主人是个滑头,但是表演进行得非常成功。在演出中途,那匹演员马突然本性毕露。您能想象吗?小男孩跑去找帽子,要放在下面接着,可马主人,就那个骗子,一点儿也没昏头,蹦起来用拳头把所有人往后推。女士们哈哈大笑,而我觉得很可耻。小男孩拿着帽子绕着马走,而马主人,那个骗子,胆怯了起来,鞠了躬就往出口退。卡坚卡·涅莉多娃举着长柄眼镜这边那边地看,什么都没看到。就过来缠着我问:'尤申卡,大伙儿在笑啥?这是啥?'我回答道:'这是自然本性,亲爱的,别的没啥。'"

他咧着沾满果汁的嘴唇得意地笑起来。卡拉姆津有点被廷臣的老实憨厚惊呆了,终于也发自内心地笑起来。

这个旧时代的肖利厄①、诗人、歌手、爱开玩笑的人,不知不觉地卸下了他肩上沉重的负担。

---

① 肖利厄(1639—1720),法国诗人。——译注

亚历山大第一次听说前朝这种说法。

"而现在,我的朋友,"老人转过身诚恳地对亚历山大说,"晚上睡觉前我要去花园透透气,您可以带我过去吗?"

在花园里,他挂着手杖,在长椅上坐下来,直视着亚历山大的眼睛,脸上没了微笑,完全换了一副嗓音,缓慢、轻声地,带着不容置疑的语气,对亚历山大说出了如下一番话。

毫无疑问,这里的人都听说了,6月6号在巴甫洛夫斯克将举办庆祝活动。宫殿里将点燃六千支高烛,五百名女子将出席假面舞会,巴丘什科夫已经写了那些场面。两宫、皇帝、两名皇后都会到场。这次庆祝活动是为奥兰斯基亲王举办。他们夫妇即将离开。宫殿周围会有篝火,村民们会载歌载舞。晚餐时合唱团要唱诗,需要他梅列茨基来作词。亲王是个善良,谦虚,聪明且多愁善感的人。他在威灵顿①元帅麾下打过仗,曾击败过拿破仑,还负过伤。为亲王作诗不是什么可耻的事。他梅列茨基很乐意写,并为此备感荣幸。但年轻的诗人看出来了:他很沮丧,没了热情、激情和朝气。

老人坐在那里,愁眉苦脸地像一只老麻雀,脑后的小辫子颤动了一下。卡拉姆津指指他,又指指普希金。梅列茨基看着天上的飞鸟。他要给亲王写诗。可是亲王也许只是个借口。他曾为波旁的百合②战斗过,需要谈论和平,谈论复辟后又覆灭的拿破仑时代。

老人说:"如果加夫里洛·罗曼诺维奇③还在世,他一定会为此亲吻我。"

---

① 威灵顿(1769—1852),公爵,英国元帅。——译注
② 百合是法国波旁王朝的王族标志。——译注
③ 即杰尔查文。——译注

这一切，从宫廷逸事到重要话题的迅速转换，以及这苍老、严肃、令人意外的语气，还有杰尔查文的名字，就像是一个古老的宫廷故事，亚历山大早已在莫斯科就听大伯说起过了。

老廷臣又说："有尼古拉·米哈伊洛维奇担保，另外我这双昏花的老眼也是不会骗人的。您拿起一支新笔，一张白纸，我打个盹儿的工夫，诗就能写好了。所有重要的事儿都要在一小时内完成，不能再久了。我会和他们一起离开，或者就像我说过那样，或者我什么都不懂。"

17

普希金既没找到恰达耶夫，也没找到拉耶夫斯基①，只有卡维林自己在家。

卡维林看到他异常高兴。

"我亲爱的，我为你打个赌，你的表现让我刮目相看。我说过，你会从皇村中学逃回彼得堡，并会在半路上被抓到。莫洛斯特沃夫也说过，你在轻浮地追逐某个女人，好像还在树林里见到过为爱狂热的你。现在我要坐下来写信，请人家砍几棵小橡树，我赌输了，得付钱给莫洛斯特沃夫，我还要请你从树林里采些浆果来。莫洛斯特沃夫马上就来了，他值完班得好好睡一觉。我的心肝，看看我。"

他轻轻吹了声口哨。

"事实上你真的不好。我真羡慕你。你是爱情中的受难者，你一只眼睛就能令美人神魂颠倒，没有一个姑娘受得住。而我又是花钱，又是吃醋，我苦不堪言，满脸通红。可谁都不信。你碰巧赶上我在家，我的

---

① 拉耶夫斯基（1795—1872），十二月党人，少校，诗人。——译注

寒热病发作得厉害,可明天我得骑着维赫拉赶到巴甫洛夫斯克去出差。列瓦绍夫的马房将负责迎接奥兰斯基亲王。"

列瓦绍夫,团长,他谁都不喜欢。骑兵连驻扎在索菲亚的一个石料场,而马房旁边的石屋则是团长住的地方,这个骠骑兵的房子被称为马房,所有命令都出自这个马房。

卡维林被宫廷琐事搞得很烦躁,宫廷警卫队令他不堪忍受,指挥官的阿谀奉承和奥兰斯基亲王都很让他生气,而且他好像真的病了。他喝下一杯冰冷的香槟,如果不是寒热,香槟就一定管用,顶多就是法国的毛病。他管奥兰斯基亲王的未婚妻,即恺撒的妹妹叫奥尔良姑娘,他还用自己杜撰的拉丁语说,这个亲王总算要走了。

他解释道:"Deinde post currens——意思就是:雄火鸡乘驿马旅行。"卡维林的拉丁语在整个彼得堡赫赫有名,警戒哨兵都被他的拉丁语吓破过胆。Deinde 在拉丁语里的意思是"然后",但是法语里 dinde 的意思是雄火鸡;拉丁语里 post 是"之后"的意思,而在法语里是"驿马";只有 currens 的意思是"跑着的",因此这几个词放在一起的意思就是:雄火鸡乘驿马旅行。

他坐在那儿看着普希金,越来越生气。

"你想不想让我帮你偷偷拐走你的美人儿?为此我和拿破仑战斗过,就是为了给奥兰斯基的警卫队和奥尔良姑娘的女仆打报告!我的心肝,你不知道,只要我一拿到钱,清了账,我就去马房,给列瓦绍夫写离职函。我们这些傻子,这是在哪儿喝加了鲜奶油的茶呢!"

他从桌上拿起一张纸,或许是一份书面命令,并点起了自己的海泡石烟斗。

亚历山大不死不活地坐在那儿咬着嘴唇。他写给奥兰斯基亲王的诗也会被卡维林叫作报告。他甚至有点恨卡拉姆津,恨他把自己交给了宫廷老臣。他的心狂跳不止。

他对我说:

> 孩子,你在为女子哭泣,
> 知道羞耻吧!

——这是我对自己说的话。

卡维林喊他聊天。

他总是看脸就能猜准他的心思。

"你脸上有乌云。想听我给你描绘雷电吗?"

他开始描述雷电了:鼻子和嘴巴锯齿形行进。他眯起眼睛就开始闪电。

亚历山大突然哈哈大笑起来。

"像极了。"

"好吧,可算是笑了!"卡维林说。

"给我念诗吧,朋友,"他请求道,"只是别念哀诗,我今天心情不佳。"

卡维林请求他读讽刺短诗。没人能像他这样倾听讽刺诗。亚历山大为了给他读而专门写了一些。

他开始念,卡维林靠在那儿听。

亚历山大把自己记得的都念完了:

> "叔叔,您病了吗?这么没劲儿,

我担心坏了呀!三个晚上,请相信,我都没合眼。"

"是的,听说了,听说了:打牌打了一整夜。"

卡维林眯缝着眼睛,露出洁白的牙齿,把手放在心口。他这样坐了一分钟,然后才笑了起来。

"你啊,我的朋友,这写的是我。"他轻声说道。

他拥抱了亚历山大。

"我聪明的孩子,这是我和叔叔未来的谈话。确实,叔叔应该是生病了,你怎么知道的?"

亚历山大全神贯注地看着他。

他对卡维林叔叔一无所知。卡维林有个愉快的习惯:立刻接受所有讽刺短诗。亚历山大在给他读诗时,总觉得讽刺短诗易懂,没必要记录下来,所有人都会听得懂。

他觉得遗憾,没有写出关于奥兰斯基亲王的讽刺诗,便叹了口气。

"你的美人儿,我会帮忙的。"卡维林承诺道,"快赶走脸上的乌云吧。"

莫洛斯特沃夫和萨布罗夫走了进来,不知道是去哪儿游玩了,穿着骠骑兵的镶毛短披肩和制服,马刺叮当作响。

卡维林对莫洛斯特沃夫说:"帕姆法米尔,你赢了,普希金没逃跑,一切都是真的。包括他为爱发狂在野外徘徊。我押我的黄马褂,我得赢一局。"

纸牌被拿了出来。

"普希金,你今天的牌运应该不错,来坐我旁边,你来上牌。小王是我们的。是的,听说了,听说了:打牌打了一整夜。"

萨布罗夫是个冷血玩家,正在寻找幸运。当他们赢了时,他就从一边开始抿光头发。

卡维林很受不了这个。

卡维林赢了。莫洛斯特沃夫阴沉了下来。

萨布罗夫接着玩。一分钟后,卡维林输光了。

游戏开始了。莫洛斯特沃夫脸色苍白,阴沉,玩起来很冷酷,但也很拼命。他的脸上有一些痘痕的凹陷,眼睛浑浊肿胀。

他有些凶狠或惊慌。

卡维林发怒了。

他说:"帕姆法米尔,我要决定你的命运,我拿黄马褂下注,三千的债务,外加一把小锤子和你所有的新马具。你的鞍垫不错。游戏即将结束。"

莫洛斯托沃夫穿着一件新披肩和新裤子,全身都是崭新的。亚历山大吹着鼻子,盯着纸牌。

"老J!"卡维林叫着,甩下一张红桃二。

卡维林输了,他很失望。

他对亚历山大说:"你的命运已经注定,美人儿的事别想了。你在牌桌上的运气用光了。"

他断断续续地小声打着鼾,喝了点冷香槟——他的药,但没喝醉。

他吸了口气,唱起了自己最喜欢的那首枯燥无味的歌,他悲伤时总会唱这首歌。歌词写得很哀怨:

  我坐在一群人中间,

可我谁都看不见，

我眼里只有那个棕红发的姑娘，

她让我又恨又怜。

这首歌亚历山大都会唱了。卡维林每逢失败便会唱起来。

莫洛斯托沃夫突然开口："不对，不是棕红发的姑娘，这是你瞎编的。我只能看见一碗稀粥。这是我们当初在团里喝粥的时候唱的。棕红发的姑娘才不会到这儿来呢。"

他很怀疑。大伙经常拿之前从城里来找过他的那个头发真是棕红色的美人儿开他的玩笑，说人家要来和他一起住。

他觉得，卡维林看上她了。

卡维林笑着说："不对，棕红发的姑娘，招我恨。"

"我这就和你们说再见。"莫洛斯特沃夫说。大家都看着他。

莫洛斯特沃夫脸色苍白，怒气冲冲，板着脸不情不愿地说。

"我得走了。"

"去哪儿啊，等到你当班的时候再走吧。"萨布罗夫说。

他们在开玩笑。

卡维林抽了根烟斗。

没有人笑。

莫洛斯特沃夫低声嘶哑地说：

"我不和你们一起住。我要离开你们这个快乐的地方。我要搬走。"

他挥了挥手，就开始小声说话。

他值班时待的警卫室的窗户对着沙皇的书房。

沙皇的窗户通常都是拉着窗帘的，可现在窗帘被拉开了。屋子里发出光亮。

莫洛斯特沃夫看见戈利岑从那间书房离开了。沙皇坐在桌子后面读着什么。突然他走到窗前向外看。

莫洛斯特沃夫说：

"他的目光一动不动，脸上的礼貌或微笑消失得无影无踪。他就站在那儿看，眼都不眨一眨。然后他又走到桌子旁，用拳头倚在桌上，先是小声嘀咕，然后越来越大声：'虔诚的……亚历山大·帕夫洛维奇……'就这样一直到最后说阿门。当时我就明白自己完蛋了。我想，需要睡觉，沉沉地睡一觉——不是他，而是我需要。我就躺下睡觉。好吧，我睡不着。回了家，还是没法睡。"

所有人都沉默地坐着。

"所以现在我要去外面走走，没准还能睡着。而我的值勤算是完蛋了！"

卡维林脸色苍白地说道：

"这都怪戈利岑。这是他的歌。"

他看着普希金的眼睛，握着他的手说：

"我什么也没看到，什么也没听到。我眼里只有那个棕红发的姑娘。他让我又—恨—又—怜，"他一字一顿地说完，就沉默了，"我送送你。"

送他快走到皇村中学的时候，又唱起来了：

"棕红发的姑娘。又恨又怜。"

18

不，卡维林是对的，他白白地付给莫洛斯特沃夫一笔赌注，白白地砍了小橡树；皇村的隐士也非生来就是为了向奥兰斯基亲王打报告的；

普希金不想要宫廷的智慧。就在那天夜里,他给年轻的寡妇写了张字条,而他忠实的纵容者和仆从福马找了个机会,神不知鬼不觉地把纸条塞给了她。

第二天,天色刚刚暗下来,他们就见面了。年轻的寡妇有一个悦耳的名字——玛利亚。她无条件地委身于他,恐惧和欲望令她颤抖着。他不想叫她玛利亚,望着她的眼睛唤她莉拉,莉拉。她再次服从了。她应准备为两个恋人失去理智。他们两人心照不宣地一起欺骗校长,好嫉妒的人,不管是谁。

这一个月来,她从这个男孩身上得知了她之前从未怀疑过的,仅仅模糊地猜测过的事,她习惯于跟着姨妈将其称之为地狱和放荡恶习。每天早晨她照镜子时内心总会感到恐惧,怕这一切都已经被人知晓。

有一样她不同意,那就是夜里放他进自己房间。她的房间在角落里,和校长家里的其他房间都离得很远,并且直接通向花园。她颤抖着,其实,在这种丧失理智的行为发生前,她就已经开始发抖,这疯狂由他传递给她,也由她传递给他。不,在附近的树林,在老花园,在湖边的斜坡,在老剧院的阴影里,她情愿在所有这些地方,把自己扔在皱巴巴的衣服和落叶上面,每分钟都冒着被侍女和看守撞见的危险。但唯独不能在她的房间,在她白色的床单上面,校长还在床头挂上了她亡夫的画像,画框还是用罕见的纸板技艺制成的。

他们约好,他会通过福马传字条给她。字条必须简短,不能写诗,会被校长发现!

而她会将自己写了见面时间和地点的回条藏在校长家花园里那棵老橡树的树洞里。

他们分别之后,他就立刻忘记了她。

他整整一周都没去找卡拉姆津。

有一天夜里醒来,他意识到自己不能再这样生活了,明天早晨他要在散步时溜走,或者一大早就躲起来,只为了去看看那栋房子角落里她的窗框。他现在所写的所有内容,都饱含着他暗暗的希望,希望这些诗能够到达她的手里。否则他便不会写了又写,改了又改。他终于明白,没有这个女人他一天也活不下去,尽管她比自己大,甚至可以做他的母亲,可他还是要不惜一切代价见到她。他在献给巴枯宁娜的那些诗中所提到的那些痛苦,仅仅是关于真实痛苦的猜想,而此刻这真实的痛苦突然袭来,而且才刚刚开始。她是一个伟人,一个智者,一个师长的夫人,是他无法接近,不可染指的。他忽然开始憎恨所有智慧和安宁。她姓名的读音不应该被任何人知道。当他和普辛谈到卡拉姆津娜和卡拉姆津一家的近况时,他总会咬着牙,不愿说出"卡拉姆津娜"这个姓氏。

她是唯一一个能懂他的人。

那些恺撒送来的鲜花,被她毫不留情地放在门后,不去浇水,任由它们枯萎,只待被扔掉,而只有在那些花的不远处,在她的脚下,他才能说话,闲谈,开玩笑。而她笑了。

当她走进舞会大厅时,恺撒为她让出了座位,而后——干得漂亮!——未能获得丝毫成功。

没有她,他就突然间忘了回答问题,忘了听杰尔维格和丘赫利亚说话;他害怕摆在面前的命运:终生保持沉默,直到最后,永远不叫出她的姓名,哪怕是对普辛。他的这些情绪只放在心里,以防有人胡乱猜测。

他在沙地上画了两个字母 N. N.。这是她现在的姓名字母缩写。他去见了莉拉,他的突然,粗鲁,贪婪和喉音很重的沉闷笑声,以及没人发笑时突然的轻声尖叫吓坏了她。对知识的渴求使他入迷。夜晚回来的时候,他想看清地上细小的足迹,并去亲吻,因为那是她的足迹,那个他此生都只能唤作 N. N. 的她的足迹。

19

半吞半吐的,在皇帝那里受到怠慢和冷遇,从沙皇的温室送来带有不规矩意味的鲜花礼物的时间结束了。昨天他身后跟了一位宫廷侍从总管。他接到传唤,会面举行了,尽管在会面期间也没说什么,谈话虽然饱含关切,但也实在空洞。那件事他已不再争取,但仍做好了准备,每次提出都会遭遇冷漠的回应。他是作为沙皇的顾问被传唤进宫的。而在下一次会面中,他会简洁明了地提出:是时候忘记风华正茂的时代了,不是指他,而是指国家,是时候治理了。是的,专制。没错,奴隶制,国会的围栏。有两个国家性的问题:腐败的高级文官和近卫军。尽管沙皇的嘴角和眼里都带着微笑,额头上满是皱纹,略微沙哑的嗓音说着无关紧要的客气话,但邀请他在中国村居住就说明了一点:他是沙皇的顾问。这一点毋庸置疑。

只是弥补错过了的时间,只是……他很乐意接受年轻人们。一个是芭蕾舞演员,另一个……另一个让他失望。上帝保佑他们,保佑这些皇村中学的青年浪子们!卡捷琳娜·安德烈耶夫娜以为这个男孩多有才华,而其实他没有——她嘲笑他,与此同时又喜欢他吹牛说大话,喜欢他的年轻,不成熟——多么忧郁,多么空虚,多么无根无据,而且就连他写的诗,嘲讽是那么轻率,但对"阿尔扎马斯社"又是多么尊崇。尼古拉·米哈伊洛维奇喜欢那些崇敬他的阿尔扎马斯社成员,他们是他在彼得堡仅有的朋友,但他只要求一样——合乎礼节。

卡捷琳娜·安德烈耶夫娜的哥哥，可爱的皮埃尔·维亚泽姆斯基是一个天生的记者，但就是性情过分急躁。他已经和勃鲁多夫谈过了，怎样让一切都恰到好处，不过分，最后要求"阿尔扎马斯社"要有美感。玩笑只有开得适当得体才讨人喜欢。当初跟瓦西里·里沃维奇开的玩笑很讨人喜欢，虽然不太适当，但这种游戏仍然在继续发展，也不知会怎样结束。这些反映出来就是傲慢自大，纵情享乐，而压根儿就不是一种防卫，甚至就连茹科夫斯基也不是。年轻时玩玩闹闹没错，因为玩闹可以把愉悦、可笑和一本正经糅合起来。勃鲁多夫提议出版一份笑话杂志，但笑话得有一定品位。

他喜欢恰达耶夫。尽管关于他的传闻自相矛盾：阿夫多季娅·戈利岑娜说他是一位最佳甚至令人惊奇的舞者，普希金一说到他就做出一副神秘的样子，什么也不说。他们开玩笑说，这就是青春年少。今天普希金想要同恰达耶夫一起来，请求被愉快地接受了。青春年少的人需要他的教诲，而他也需要和这些青春年少的孩子相处。他们的谈话毫不空洞，瓦西利奇科夫很赞赏恰达耶夫，他未来的辉煌事业已经初现端倪。

哦！他见过并且送走了多少仕途辉煌，官运发达者，可他们终究与桂冠无缘，与花环暌隔，风云际会，壮志未酬？怪了！老人们尊敬恰达耶夫，女性们惋惜恰达耶夫。阿夫多季娅·戈利岑娜一说到他就忧愁起来，在讲数学之前，先转述了他说过的一句话，然后意味深长地望着前方。哦，艾夫多克西！数学和美！而恰达耶夫——是骠骑兵和哲人！奇迹，新时代。他谴责年轻人傲慢，因为这傲慢毫无根基。他们显然认为自己是所有人的审判者，当然也有权审判他。他为什么挑起右眉？难道是因为高傲？艾夫多克西说，他是个智者。他的眼神冷冷的，好像拥有至高无上的权力。

事实上呢,看看这位把自己束紧成小细腰的骠骑兵,顶着这样一头年轻的卷发和高挺的鼻子,卡拉姆津感受到了这个小伙子的吸引力:他聪明灵动,自由且言行潇洒大方。普希金特别崇拜他,他看着卡拉姆津,几乎想给他逐一列举这位骠骑兵给人留下的好印象。可笑又稚嫩。印象很好。

恰达耶夫看了看,饱满的嘴唇泛起微笑,但抬得高高的眼睛里没有笑意。卡拉姆津不满地发现,那双眼睛什么都注意到了:沙皇送的花束已经干枯,可他还不好意思扔掉,校对稿铺在两张桌上,其中一张桌子是卡捷琳娜·安德烈耶夫娜的。恰达耶夫一言不发,开始接着端详起这座中国式房屋,尼古拉·米哈伊洛维奇不得不解释自己怎样意外地被安置在这儿,这里有多糟糕,尽管彼得·安德烈耶维奇已经尽力修缮,可墙上的灰浆还是裂开了。今天沙皇还申斥了扎哈热夫斯基。这完全正确。然而恰达耶夫对这一切毫不惊讶,什么也没问。他又开始谈皇村里的这座中国村,却发现原来他早已对这里的建筑了如指掌。他和那些女人一样,只喜欢关注一些鸡零狗碎的小事。显然,这也就是为什么阿夫多季娅会把他当作智者的原因所在。

事实上,谈论这个毫无价值的建筑、这座前所未有的中国风格的村庄(被赠送给卡拉姆津居住,很有可能是因为中国村除此之外就没别的用处了),恰达耶夫变了个样。他滔滔不绝地讲起皇村所有建筑的统一性和零散性,这里所有的房屋都是未完成且不经久的,而这注定就是它们的用途。他望向窗外,看着壁画,是卡梅伦所画的龙,很难让人联想到中国。这种欧洲人模仿亚洲的作品对他来说挺滑稽。

卡拉姆津冷冷地回答说,是气候原因迫使他接受沙皇的邀请——因为彼得一世卓越的错误:彼得堡在强迫人们无论逃往什么地方,都不能住得太远,因为要等着印刷厂的校对稿。所以,住在皇村比住莫斯科附近或伏尔加河沿岸城市要便利些。他提到了辛比尔斯克附近的几个地方,那里气候适宜,空气清新,毗邻伏尔加河,在那儿居住的人都很长寿。外国人都愿意去那儿,而这里,在涅瓦河边,可以建立一个进出口货物的商业城市,绰绰有余。那样虽然不会有现在的彼得堡,但是也就不会有那么多眼泪和尸体了。

卡捷琳娜·安德烈耶夫娜一直在屋里忙忙叨叨没出去。她本可以出去,但她不想。她想看看自己不在的时候,他们会谈些什么。她在门外仔细地看着,听着。普希金跟往常一样,好几次转过身,不由自主地环顾四周,寻找着她。她笑了。此外她还对另一件事很好奇——她习惯了自己丈夫的伟大。当然,他智慧超群,在她所知道的各个时代中,丈夫是最伟大的作家。可他不可侵犯的威严,他的冷漠,他默不作声地看着来给她送花的宫廷侍从时那礼貌的眼神,这些都令她害怕。因此她贪婪地偷听着他们谈话。

在她的印象里,尼古拉·米哈伊洛维奇无所不知。他们年轻人根本无法想象,他的每一个字背后都隐藏着堆积如山的书籍和手稿。可是恰达耶夫令她恐惧。他坐在那儿,平静地提问。是谁允许他这么冷静,耐心,还那么彬彬有礼地提问,又是谁迫使她那著名的丈夫这么不厌其烦地回答呢?

她便仔细端详起来。

她了解那些爱打扮的可爱的人,她也对骠骑兵的纨绔习气见怪不怪,没有人比卡维林更看重荣誉,他总喜欢慢慢地抚摸高筒军帽,这种无所畏惧的忠诚的礼节,每每想起都会让她的脸上泛起微笑。

还有一种时髦的习气,她还不知道。要想穿戴完美,首先就得有镶毛短披肩和手套！这可一点儿也不好笑。

卡维林看起来仿佛随时都要扯下身上的子弹带，扑倒在女人的脚下。而在恰达耶夫的完美、和缓和冷静中，她猜测出了严格、无情、长期的宗教礼节。有趣的是，当这些骠骑兵在皇村来回走动时，可能由于衣服的原因，他们都走得飞快，而对他来说，好像他的衣服，他说的话和他努力要做的事都一样重要。这个安静的骠骑兵到底是何许人也？皮埃尔·维亚泽姆斯基讲过，在攻占巴黎那天，他正供职于沙皇的卫队，这显而易见。但是，皮埃尔还说，他还见证了库尔姆和莱比锡的战火，这就看不出来了。但他还是上士时，曾随团驻扎在波罗金诺，这件事大家都清楚。和普希金一起来的这位骠骑兵和她丈夫的会面，罕见地吸引了她的注意力。

恰达耶夫环顾这些皮埃尔和屠格涅夫费了很大劲儿才整理得像住人的地方的房间，他询问尼古拉·米哈伊洛维奇，这些胡乱搭建的墙壁是否潮湿。关于墙壁，尼古拉·米哈伊洛维奇什么都没法跟他说，因为他从来没留意过。恰达耶夫还说到了房顶——说房顶建得太陡，没法保暖。尼古拉·米哈伊洛维奇感到惊讶，不明白他是如何知道这一切的。恰达耶夫回答说，他记得自己随团驻扎在西里西亚[①]一个叫兰比洛的地方时见过这种屋顶，那个地方教会了他怎样生活。他看着当地老百姓的脸，确认了他们的脸和他们居住的房子有一个共同点——就是不知道什么是冷漠。而这里则不同，这里是冷漠的天下。这是农奴制造成的恶果。

[①] 中欧一个历史地域名称。目前该地域绝大部分地区属于波兰西南部，小部分则属于捷克和德国。——译注

尼古拉·米哈伊洛维奇和骠骑兵两人都沉默了。

俄罗斯正在期待自己的"历史"——即尼古拉·米哈伊洛维奇的巨著。他是不是马上就要着手描绘彼得大帝和他的时代？卡捷琳娜·安德烈耶夫娜知道，彼得大帝不会在丈夫的《俄国国家史》中占据很大篇幅，这部《俄国国家史》也是一部重要的课程，因此最伟大的伊凡三世才是最重要、最详尽的部分。是的，但骠骑兵谈到了欧洲，在他的口中，俄罗斯是欧洲的。普希金出神地看着骠骑兵的眼睛。尼古拉·米哈伊洛维奇有点太健谈了。当然，关于新数学，他说得对。不能把历史当作几何学问题来写。

不过现在她该出现了。她走到花园里，摘了一枝紫丁香后便回来了。卡捷琳娜·安德烈耶夫娜无法忍受骠骑兵谈到农奴制时那威风的样子。农奴到处都是，他们现在吃的粮食就是农奴种出来的。恰达耶夫说得很冷静。而尼古拉·米哈伊洛维奇对此有些厌烦，他说话明显不客气了。其实这有点夸张了，他们没注意到门开着，她从门口往里看，着实吓了一跳。骠骑兵脸色苍白，连嘴唇都变白了。他说起农奴制的样子，就像其他骠骑兵说起第二天要与之决斗的情敌一样。他的嘴唇惨白，脸色严肃。这是什么样的激情？也许应该走进去打断他们？不，骠骑兵在继续讲话。这是他坚定不移的想法——农奴制。他认为农奴制是俄国无法超越欧洲强国的原因，他说，摧毁农奴制就会损害专制政权。如果仅仅改变农奴的比率，也只能是数量上的变化。如果俄国能废除这一切，那么用不了多久，就会成为第一强国。他又开始说明，仿佛这一切很快会发生。

这已经有点过分了。"夸张是新的时髦"——骠骑兵冷冷地对尼古拉·米哈伊洛维奇说，在"农奴制阶段"，他除了混乱什么也看不到。

奴隶这个词是什么意思？他谈到了奴隶们得到的粮食。这种既定规则所规定的，不可能对此进行争论，连提到它都是幼稚的——不正是一种奴役吗？所有的一切都早已得到了生活的证实。是的，这种农奴制的全部体制，就是其存在的基础，因此它是不可动摇的。剩下的只有——软化他，让他学乖。

是的，农奴制必须存在，而不甘屈服的人必须像孩子一样顺从。所有古代和近代历史上的例证都是如此令人痛心。法国也证明了这一点。

而专制，或者更好些——专制独裁，是很有必要的，时间将会证明，虽然会有很多不必要的多余的争论。尼古拉·米哈伊洛维奇自始至终都会争论——这究竟是历史上有益还是有害的事件，这成了他们生活的基础。突然间，普希金有些失态地急促地怪笑了一声，便又沉默了。这应该是由于神经紧张。这时，尼古拉·米哈伊洛维奇从桌上拿起一张纸，那是弗拉基米尔·莫诺马赫写给儿童的古老训导文的副本，他念起了上面一段关于对待孩子和妻子的内容："教训幼稚小儿时，不要嫌累……"等等。这页副本是刚刚送来的，马林诺夫斯基对此有很重要的不同解读。他这样做，难道只是想表示自己很忙吗？

卡捷琳娜·安德烈耶夫娜向屋内瞥了一眼。恰达耶夫笑容满面地端坐，普希金很愉快。他们要是像孩子一样生气反而更好。恰达耶夫把马刺摆弄得叮当作响，普希金和他的导师——卡捷琳娜·安德烈耶夫娜心里这样称呼骠骑兵——这两人终于离开了。

尼古拉·米哈伊洛维奇轻轻地笑了一声。他显然很失望。

20

夜里她久久无法入睡，倾听着假装沉入恬静梦乡的丈夫打鼾。她知道,丈夫像个死人一样躺在那儿一动不动,其实根本没睡着,而是在回想恰达耶夫说的每一句话。过了半个小时,她听到他轻轻的压抑的叹息声。他假装睡着了,也不相信她在睡觉。她笑了笑,便入睡了。

第二天一早,她很早就醒了。

她侧着头看着她那位著名的丈夫,她的启蒙者和朋友,突然胆战心惊:难道那些年轻人是对的,难道这二十年来她一直坚信且为之着迷的他的智慧都是错误的?如果这一切都是一种新的修道生活,那她在这里,在他身旁的意义是什么?她呼吸,克制,努力让一切变好的意义又是什么?

她从床上滑下来,看着自己。她想起了普希金的目光,她可笑的仰慕者。他还只是个孩子。不,不仅是个孩子。丈夫让她学会了忍耐,让她相信他对自己的权威,昨天那些疯子把它称为奴隶制,而尼古拉·米哈伊洛维奇也轻易勇敢地接受了他们的挑战,是的,奴隶制。但是,那些谈话完全和她无关。

她有点心疼丈夫。他昨天说话时仍带着自己平常所固有的过人智慧。但他的演说又一次不被接受。而更让人惊讶的是他的错误:他把恰达耶夫和普希金当成小孩子看待,早就应该改变这种交谈方式了。英雄出少年。他应该控制自己,这样才能得到原谅。又或许,这其中真的有什么有趣的东西?一切都变得简单。她问了恰达耶夫一个问题:是什么迫使他转任到了阿赫特尔斯基兵团?恰达耶夫用骠骑兵的口气回答说:因为阿赫特尔斯基兵团的制服好。而他和尼古拉·米哈伊洛维奇没有再去讨论关于什么真理的问题了。尼古拉·米哈伊洛维奇已经年迈。而阿赫特尔斯基兵团的制服也的确好:毛皮镶边,而且也不是讨厌的淡绿色,而是蓝色的。他就是个骠骑兵,回答问题也是骠骑兵式的。他的确特别擅长跳玛祖卡舞，比所有人都跳得好。拉耶夫斯基不在他身边，普希金又完全不会跳舞，跳个华尔兹都上气不接下气。他没办法和女人挨那么近。应该让他坐得更远些。她想着骠骑兵的小趣事。

她看了看自己，她赤裸的双足绕过那块熟悉的地毯，无声地踩在冰凉的地板上，这些年为了让她戒掉这个毛病，丈夫没少警告她。走到门口那儿，她已经感觉到冷了，从少女时期她就喜欢寒冷，有一次还差点因此死掉。

她怎么了？

她又重新拾起了改掉已久的童年习惯——光脚在客厅里走来走去，这是恰达耶夫昨天坐过的地方，也是好笑，她见过那么多伟大的舞蹈家，他们每次演出都像是最后一次跳玛祖卡舞一样卖力。他在这里也用自己的最后一支玛祖卡舞而获得了光荣。女孩从门里面看到她，吓了一跳，赶快躲开了。显然，她又失去理智了。"奴隶"——她想起恰达耶夫说的话。大早上不穿鞋子游荡，还吓到了小姑娘。真是废话——她不年轻了！无尽的孤独，应该叫阿夫多季娅·戈利岑来做客。因为在阿夫多季娅旁边，她既不会觉得自己是奴隶，也不害怕丈夫的一些错误。

阿夫多季娅悦耳的嗓音有一种影响力，以至于只要她在场，他们就会聊些别的话题，不会有任何不愉快的谈话，不会有恰达耶夫的傲慢，也没有普希金的质疑。她很清楚这一点。这些谈话不光涉及专制和农奴制问题，还涉及皇帝，丈夫和她自己的谈话。尽管奇怪，但这谈话的确和她有关。尼古拉·米哈伊洛维奇不明白这一点，而阿夫多季娅会懂的。小女孩拿来一条毛绒披肩包裹住她的双脚，她笑了笑，没说什么。丈夫还在睡觉，女孩递给她一封信。一切思绪立刻烟消云散。

这封信是看守送来的。女孩总是弄混，永远搞不清楚信是哪儿来的，给谁的，谁送的，哪个看守送来的。卡捷琳娜·安德烈耶夫娜瞥了一眼没有签名的粗糙信封——不，不是宫里送来的。她默默画了个十字。感谢上帝！

然后她吩咐仆人把刀拿来，打开信封。一展开信，她看了女孩一眼，立刻满脸通红，连肩膀和胸脯都变红了。她把信扔在桌上，平静地告诉女孩，没有吩咐不要再从任何人那儿接任何东西。然后她蜷着手把信递给尼古拉·米哈伊洛维奇，他已经进来了，平静地准备工作和散步。他讶异地看着妻子，扫了一眼那封信。仅犹豫了片刻，他干巴巴地假笑了一声，然后又莫名其妙地笑了起来。信里只有匆忙写下的时间和地点：六点钟剧院旁边。这是一个约会字条。女孩交给她的就是这样一封信。这封愚蠢的信，还有送错了地方的愚蠢的看守和愚蠢的小姑娘让他们笑话了老半天。

然后尼古拉·米哈伊洛维奇开始寻思这封信是谁的。突然脱口而出："普希金的。"随后他非常清醒愉快地恢复了历史学家的状态。情况很明了：男孩给自己的一个女朋友写信约她见面，而看守由于没听清楚或是不知道，把信送错了地方。她常听丈夫讲解历史上那些偶然的误会，并惊奇于讲解的简单易懂。此刻她马上明白了一切，他是对的，一切都说得通。但她突然抬起头，平静地说："该给他一点教训。"尼古拉·米哈伊洛维奇赞同地表示："对，应该给这个小男孩一点教训。"并叹了口气。他现在管普希金叫小男孩，这还是头一次，她有点惊讶。他们又嘲笑了一番就分开了。她很快便忘记了这封信和那个被尼古拉·米哈伊洛维奇唤作小男孩的普希金。但到了晚上，她突然间想到：这封信是给谁的？他在给谁写信？她很为自己的好奇心而生气，重重地叹息了几声。

她感觉受到了侮辱，突然间不再相信他的未来，他的诗歌，和他的羞涩。尼古拉·米哈伊洛维奇一直叫他小男孩，这也让她很不高兴。不过，她不在乎这一切。

可他呢？

所有一切都像被一只手抹掉了：对即将完成并付印的心爱巨作的关注，他早已衰败，还有那关于古罗斯和新俄罗斯苦涩的现实，一直得不到答复，在某处静静腐烂，不管是在这个离宫廷不远的地方，还是在特维尔，都等不到他翘首期盼的答复，而没有答复，他便知道——俄罗斯不会找到安宁，也不会找到幸福。他居住的这个皇村，既不是古罗斯，也不是新俄罗斯。而最近一件令他愤怒的，也是令他害怕到不敢去想的事，就是妻子突然迟来的青春，她心神不宁的喘息，他们在皇村的生活没有娱乐，没有安宁，也没有只为他而存在的老朋友，只有这些坐不住的皇村中学生，可爱却也烦人的小男孩们。最后还有和恰达耶夫的争论，甚至不能算争论，因为他只有平静但充满敌意的沉默。他早已习惯于同时拥有敌人和朋友。在这儿却不同了：他年轻的仰慕者们给他带来的痛苦，要比所有敌人更甚，比阿拉克切耶夫更甚，他几乎容忍了阿拉克切耶夫那天生的蠢脑子，因为这毕竟比那些雅各宾派党人和宗教人士的阴谋谄媚要好得多。上帝啊！他都在和什么样的人打交道啊！他们是朋友，但他曾担心地想过，这些人会把俄罗斯带到哪里！他们会引领俄罗斯吗？那个小男孩，谢尔盖·里沃维奇的儿子，轻浮的小子、诗人，还有那个会跳舞的骠骑兵。会引领的！是不是太夸张了？皇帝对男孩子们的礼节，如此虚假，不仅接见，还要夸赞，但这些并不意味着什么。这一点他比任何人都清楚。

而现在所有一切都像被一只手一下子抹掉了。

这只是小事，趣事，不值得浪费口舌：小男孩弄错了地址，把一封 billet doux① 给了卡捷琳娜·安德烈耶夫娜。但这件小事让他无法释怀。一切都是从小事开始的。看看卡捷琳娜·安德烈耶夫娜面红耳赤的样子！小男孩最终会得知约会地点的，这对他是件好事。只有一件事让他意乱：自己房子的不安定性。当然，这不是他的地产，也不是在北方孤身一人过着淳朴生活的马卡塔列马，但是不管怎样，在这里应该有更好的秩序：应该把握好自己，并挑选个不那么蠢的姑娘。在恍如白驹过隙似的生命即将结束之前，要做多少荒谬可笑的事啊。他自己也知道：是的，前几天他对坐在这间书房里的两位年轻人说的那番话十分可笑。他热情洋溢地说了半天，因为他很久没和谁好好聊过了，从在特维尔那三天之后，他就失去了一切。大家听了之后都沉默不语。奇怪，但他在评审官面前，在恺撒和这些青年面前都说过这番话。恺撒当时的反应，就好像古罗斯和新俄罗斯都没有他的事儿一样。那两个年轻人更过分——好像他们什么都知道一样。

卡捷琳娜·安德烈耶夫娜突然对那年轻人失去信任，这件事很好笑，甚至令人感到愉快。

他对他像对小孩子那样宠爱，那孩子机敏、健谈，以至于他差点儿就过分信任了他。

世界变小了！这就是她，新俄罗斯！

而她没有发笑，也没有微笑。现在她在等待着他，就像等待着生命中仅有的那一天——不知名的中尉，今年她在报纸上看到关于斯特鲁科夫中尉建立功勋的消息，便突然想起了他。可是她的青春也没有白白逝

---

① 法语：情书。——译注

去，或者，正如今年夏天她两次盯着荒凉的夜晚，用唇语无声地说出的那个词：生活。

她马上就忘了中尉——因为她告诉自己要忘记他。而这个关于她年轻时的不幸事件真的从脑海里消失了。所有这一切，包括那可笑的旧事都和那个男孩以及他那封愚蠢的情书无关。尽管如此，她还是突然间想起了这件事，一边梳头，一边沉重地呼吸。

普希金来了。他坐在他们家圆形的中式小客厅里。让他坐一会儿吧。她变得冷静稳重，倾听着。尼古拉·米哈伊洛维奇也不急着过来。普希金快步地来回走走停停，心烦意乱。终于她听到丈夫走进来了，她不会让丈夫单独和普希金说话的，他那冷冰冰的平静态度会毁掉一切。卡拉姆津把信递给了普希金。

卡捷琳娜·安德烈耶夫娜走进来时，正看到普希金脸色苍白，机械地接过自己的信。一看到她，普希金的脸色更苍白了。他不敢直视他们夫妻两个。尼古拉·米哈伊洛维奇拉着他的手让他坐在沙发上。他突然变得很顺从，而且可怜巴巴的。他手里还拿着那封情书，甚至没把它放进口袋里。他看起来很可笑，让她有点始料未及。尼古拉·米哈伊洛维奇开口了，他就像父亲一样和他谈话，没有愤怒，没有冷漠，也没有委婉。他笑了，首先，他又重新拿到自己的信，读了一遍，并开始像遇到疑惑一样认真研究起来。信件内容的简洁令人惊讶，意味着这肯定不是第一封信。可如果不是第一封信的话，怎么能如此粗心，如此不珍视自己的激情？别人看到这封感情急切的匿名信会怎么想？又或许，这封信不是给任何人的，所有炽热的激情都白白落空，就像很多诗歌里写的那样吗？

普希金表情漠然地听着，突然不自觉地抬起头看着她。

他此前一直是茫然的,都忘了和她打招呼。

尼古拉·米哈伊洛维奇多么聪明,多么智慧!他逗他发笑。他说,他为普希金辩护时必须让他坐在沙发上,而不是坐在角落里,不过那也是完全应该的。然后才开始更热烈地说话,他热情地谈着普希金让他产生的怜惜之情。他甚至记得,在这里只有亚历山大·伊万内奇·屠格涅夫对他感兴趣,没错,就在这个小茅舍里,他的诗歌受到了热烈称赞,诗歌更有希望了。但是将来要留神,他说,这件事里最好笑的就是他的年龄。

亚历山大张着嘴巴,一动不动地看着角落。尼古拉·米哈伊洛维奇让他想起了自己之前和恰达耶夫的一次谈话。就在德国的城郊村庄里,纨绔子弟和年轻人们生活淫逸放荡,觉得自己在欧洲。皇村中学——就是真实的德国城郊村庄,这里是俄罗斯淫逸放荡的开始。不,弗拉基米尔·莫诺马赫美妙的名言:"教训幼稚小儿时,不要嫌累。"可怜的神父,这里的人们管他叫教皇,神父不敢教导这些学生,因为他们会嘲笑他。赛拉顿十六七岁时会怎样处理自己的激情呢?洛夫莱斯忘记了自己的朋友,至今手里还拿着自己的手稿,看起来它们对他仍然十分宝贵?

他还真是一直攥着这封信,好像已经麻木,不知道它是什么了。她笑了起来——因为这真的太好笑了。他回过神来,看见了这张纸,把它揉皱了。最后他终于抬起了头,惊讶地看着她。

她笑得更大声了。

那时他明白了,他的爱情,希望,他所有的诗歌,他的生活——他对于她的所有想法,未来,都在被嘲笑,什么都没有,也什么都不会发生。她越发大声地嘲笑着他。而他竟出乎意料地情不自禁地哭了起来,手里还握着揉皱了的信。他小时候都没这样哭过。他哭着,没有涕泪横流，也没有哭抖了身子，但过了一分钟后，沙发扶手上深绿色的皮革已经闪闪发亮，像被雨水冲刷过一样了。

尼古拉·米哈伊洛维奇悄悄走开了。这和他所期望的完全不是一回事。普希金站起身来，终于撒开了手里攥着的信，看都不看一眼就跑了，像每次一样，迈着轻快的大步跑走了。他没有看她一眼。而她一直在看着他，如果他看到了她的目光，他可能就不会哭得像个孩子，也不会跑掉了。

事实上，他永远都不会跑掉的。

21

这些是恶毒的、折磨人的讽刺短诗。

卡拉姆津使劲把它们握紧在手里。他读完了第一首。其中虽然有一点善意的东西，但实质上是强盗式的。"而老奶奶却异想天开——要我们最好把勇士伊利亚结果掉！"这是什么乡巴佬式的开头——"老奶奶"……科洛姆纳那儿逛集市回来的老婆子们还真是这么说话的。新讽刺诗界的新秀。新伏尔泰！第二首他没看。他知道自己和恰达耶夫的谈话，毫无疑问因被歪曲、被断章取义而变得误会重重了。他感到无聊。为了摆脱烦人的迎来送往，住在这个僻静的地方——住在敌人和朋友之间，住在沙皇的庄园里，还被瓦西里·里沃维奇的小侄子给背叛了，一个中学生！卡捷琳娜·安德烈耶夫娜把他们都宠坏了。虽然这样说很奇怪，但是她言谈举止确实表现得比自己的实际年龄还小。

他认为，这些诗歌不能读给卡捷琳娜·安德烈耶夫娜听。并非怕她无法体会他的愤怒，因为这是毫无疑问的。他担心她会受到惊吓。他已经注意到，每次他和骠骑兵交谈过后她那过于温柔、亲切的眼神。她还拿起了他的双手，靠近自己，吻了吻。是的，她之前吻过一次他的双手，那是在他签署《俄国国家史》的第一份校对稿时。但现在的亲吻又是为何？

他什么都没对她说。

而周三的晚上，他从窗口看到普希金在外面，就叫他进来，把这些讽刺短诗放在他面前，暗中欣赏他的样子。他的脸色多么惨白！不过总之这一切事情都很幼稚，从他的角度也不打算太计较。显然，他以为自己是个骠骑兵，想追求卡捷琳娜·安德烈耶夫娜，给她写信，用这种不体面的方式让她迷乱，应该把他的这些行径告诉皇村中学校长，看看斯佩兰斯基教育理念培养出的都是什么青年！自己做出了不当行为，听到公正的驳斥后，竟然像个小孩子一样哭了起来，令人咋舌！窗边的沙发扶手已经用水重新清洗过了，他还是想报复一下，现在机会终于来了！

这回他没哭，但是脸色煞白，和上次一样，一句话也没说。但是尼古拉·米哈伊洛维奇的脸上已经没有第一次那种随和宽容的微笑了，而是冷冷地长话短说：在他没有醒悟之前，在没有学会理解祖国的历史——至少在懂得自己和重大历史事件之间的距离之前，不要再来这里。哪怕先让他和这座中国式小房子保持距离也好⋯⋯

22

他已经一个星期没见她了。不，不是一个星期，而是八天了。他上星期三去过他们家，然后星期日又跑过去，看见她正把味道刺鼻的《俄国国家史》印刷稿递给尼古拉·米哈伊洛维奇。上帝！她为《俄国国家史》做了校对——不管怎样，这部《俄国国家史》都无比神圣。无论他有多少了解，他还不了解她身上有如此可笑的一面。恐怕卡拉姆津知道吧。关键并不在于他已经八天没看见她。他忘了,永远忘记了自己的泪水。否则,如果他没有忘记的话,他将无法,也不应该继续活下去了。在那次可耻的流泪之后,他已经习惯于控制自己的情感了。他不愿沉沦,他在从容不迫、引人注目的话语和同恰达耶夫难得的谈话中寻找慰藉。在那次谈话之后,他尽可能详细记录下了谈话内容。恰达耶夫说的话和他的想法正吻合:卡拉姆津的伟大著作具有优美和通俗易懂的特点。优美,通俗,毫无偏颇。他写着写着,自然而然押上了韵脚。毫无偏颇。卡拉姆津谈到过专制独裁的必要性和必然性,对了,还有对奴隶制的沉默不语。还有什么来着?

> 他的《历史》文字优美,通俗易懂
> 笔底文字无偏好
> 专制独裁有必要
> 鞭子统治也少不了。

没有幻想。讽刺短诗是准确的,这才是要义所在。

他已经一个星期没见过她了。他去找骠骑兵们,在那儿见到了希什科夫,整天都在讨论准确,夜里他醒转来,突然从另一个角度思考自己的命运,感到惊恐万分。他觉得,自己脑海里刚刚冒出来的对话实在在理,这个真相现在必须消失。他应该严格断绝同一切人的交流——首先便是自己——不能想起她的名字,不能谈论她,不能提起她。这个想法让他恐惧不已,他被判了刑。连在诗中也不能提到她。以后会怎样呢?这份爱不会消逝,忘记她绝不可能,连说起她都成了禁忌。他开始对自己说谎。他突然张开了双臂。连想想都觉得可怕,他便不去想。剩下的只有认真。他写下熟悉的诗行。也许巴丘什科夫会喜欢这些诗。是的,他也许会得到巴丘什科夫的赞赏呢!上帝永远与他同在!

到了第八天,他明显看到了自己不幸的样子,而幸福是不可能的。要是他把这种感觉写下来会怎样?

敢于毫不畏惧地承认自己情欲的人便是幸福的。

情欲,他觉得轻松些了,他经历过这种感觉。这和皇村中学里的爱情有根本不同。因为情欲。他不敢承认自己对她的情欲。皇村中学时期的练习、恐惧和秘密已是过去。现在的他被情欲所包裹,他对此感到很恐慌。

她现在还不了解自己的内心。她对自己感到不满,对她为之献出青春和生命的神祇感到不满。唉,她的青春去哪儿呢?她年纪大了,只有她那位伟大丈夫的专注、勤勉和耐心,能够为她保留下她的青春岁月。年轻时的激情。一切都很好,今天她回想起了阿夫多季娅的眼神———平淡而且没有表情———一看她的眼神,她就顿时明白阿夫多季娅很留心这个男孩。她又想起了普希金茫然若失地迅速瞟了阿夫多季娅一眼,那神情很像他哭起来时的样子。她只是像心疼孩子一样心疼他。但这个男孩出奇地狂热,被这意外出现的轻率的激情冲昏了头。她觉得无论如何也不能把阿夫多季娅交给他。一想到这儿,她就生起自己的气来。普希金表现得相当得体,甚至到最后都没开一句玩笑,要知道通常他一张嘴开起玩笑来总是会引起旁人的尴尬和暴怒。而她对此也感到不满,并因此责备自己。

尼古拉·米哈伊洛维奇每天都骑马出去采蘑菇。她恭恭敬敬地看着他骑在马鞍上。只要他上马的姿势再潇洒自然一点，所有人都会说他像个年轻小伙子，像个骑马老手了。看那儿！他像个伟大的智者一样骑马经过，不过到底生疏了，他骑马的样子很不错，但还是有点可笑。丈夫不在家时她从不独自出门。皇宫限制了她的一切。她走出了这个中国式建筑，走出了这个风景如画的无聊的地方，去看那些雕像。

普希金在那次毫无理由的放声大哭之后，感到自惭形秽，不敢再出现在卡拉姆津面前。他四处游荡，一会儿去这儿，一会儿又上那儿，到了第七天他觉得自己快要窒息了。

这会儿，当恩格尔哈特还没出现，他的脑子里只有一个念头，他逼着自己去看那些皇村的，或者像老人们说的，帝王村的雕像。

有一天他们意外地撞见了。他一眼就看到了她。而她因为帮丈夫校对书稿的原因，看见一座雕像，觉得和书稿上的很像。那是鲁缅采夫·扎杜奈斯基①的雕像。黑色铸铁板上凸起的文字记载了卡胡尔②战役胜利的荣耀。上面所写的内容，和她读过并修订过的《俄国国家史》中的描述完全相同。她从头到尾读完，靠在铸铁板上。天气很热，靠着铁板感觉很凉爽。她触摸着它，用手指拂过上面的某个名字。普希金一看到她，就像一匹被马刺扎痛的快马，立刻冲向了她。

见到他，她比自己预想的还要开心得多。

他气喘吁吁地跑过来，猛地抱住了她的身躯，然后慢慢跪了下去，伏在地上，用嘴唇去触碰她的纤足。她闭上眼睛，静静感受。

---

① 鲁缅采夫-扎杜奈斯基（1725—1796），伯爵，俄国帝国陆军元帅。——译注
② 摩尔多瓦的城市。——译注

他一言不发地躺在了她的脚边,她也不知道,该怎样和他说话、说什么。他发疯了,站起来,依旧喘着粗气,依旧紧贴着她的身体。他不是在抱她,而是像一个遍体鳞伤的濒死之人一样,摔倒在她的脚下。

已经不止一两次,白天和傍晚,他总会来到这个卡胡尔战役的铸铁纪念碑前。阅读上面铸刻的卡胡尔英雄们的姓名。其中有一个名字他很喜欢:汉尼拔·伊万·阿布拉莫维奇。第二天他又将这些名字全部读了一遍。这一天他什么也没想。从卡胡尔纪念碑回来之后,他突然笑起来。他没死,也没疯。只是因为一种意想不到的快乐而笑。回到家后,他整夜奋笔疾书。

对自己伟大的丈夫,她什么都没说——平静对她来说太重要了。而普希金是个发疯的小男孩。她为他感到难过。

她试图尽快忘记卡胡尔铸铁纪念碑旁边的那个自己。她忽然意识到自己那一次做得很对——决定不能把他让给阿夫多季娅。当时他只是看了她一眼,就立刻被降服了!他会完蛋的。刚才他倒在自己脚下的样子,活脱脱就是个奄奄一息的人啊!但他毕竟没有死,她笑了起来,她已经太久没笑了,现在她咧着嘴,笑得脸颊绯红。

他是怎样扑倒在她的脚下啊!就像一个奄奄一息的濒死之人。但他终究没死,他还活着,他的诗句也还活着。那些诗如此鲜活,她不久前读到的时候,垂下了头,仿佛正在读着某个人写给她的信。他没有死,还活蹦乱跳的!

她激动得涨红了脸。

没有人能说也没有人敢说他错过了卡拉姆津。难道他的诗会因此而一成不变吗?但是这些诗每天都在变得不同。

一天卡拉姆津问他,他的小长诗创作得怎么样了。

作为一位功成名就的一流作家，作为一个已经饱尝创作生活苦痛的诗人，他只问了普希金刚刚开始创作的新长诗的情况，显然他对这个作品很感兴趣，并且很了解，因为他称之为"小长诗"。

是的，他一步一个脚印，耐心地、坚持不懈地跟随着卡拉姆津，终于写出了这篇深奥的长诗，作品带有一种轻松、狡黠的讥笑意味，足以和卡拉姆津最好的长诗作品相媲美。在长诗中，他把聪敏的讥笑意味人格化到了女主人公卓雅身上。这个卓雅是一个完美聪慧的女子，她根本不愿意以牺牲自己的生命为代价回报男主人公的感激之情。

为了感谢而躺进黑暗的墓穴。

长诗里中庸之道的智慧体现为狡猾而又真实的甜美。

不，他认真地聆听并追随卡拉姆津的教导。为了得到散文式的真诚，他摆脱了长诗的押韵规则。并且，将故事引入转折处之前，他既不想去读，也不愿去想它。

他立刻学会了省略和留白。韵脚证明了思路的正确性。谁要是写诗不押韵，那他也会提心吊胆，生怕经受不住检验。押韵曾经是创作的女神。那理性呢？不是理性，而是理智。真理最高级别的证明和最清晰的理智就是——爱。不是爱，而是不幸在窥伺着他。缪斯女神万岁，理智万岁！连着五天两夜他都在写这篇新长诗。押韵，爱，还有全部理智。而俄罗斯的历史，则是卡拉姆津们为他创作的。

押韵，还有押韵般的爱。非半信半疑的、非思致的爱。非理性的嘲讽，缪斯和理智万岁！

俄罗斯的历史，俄罗斯故土是多么古老漫长。韵脚是对思维正确性的一种检验。而检验俄罗斯故土故国历史事件真实与否的检验标尺，就是爱。没错，他曾在卡拉姆津门下学习，向卡捷琳娜·安德烈耶夫娜·

卡拉姆津娜求教。他时常对祖国——所有办公室里鹅毛笔沙沙响个不停书写着她——满口怨言。不是小长诗,而是一首真正的长篇叙事体长诗开笔了。俄罗斯大地的历史就是卡捷琳娜·卡拉姆津娜的一件作品。

当他突然扑倒在她脚下时,当他在卡拉姆津家人面前号啕大哭时,他突然意识并感觉到:有一个能够治疗他的良药。于是他连忙站起身,走了很远一段路程,他沉吟片刻,忽然大笑起来。

23

碰见了!

他碰见了这一对儿——而且是在哪儿碰见的!——居然是在家里,在自己家里——天啊!——多么朴素的房子,校长就像个看门人,像这些中学生的守护者一样住在这儿!他作为皇村中学的建立者,殚精竭虑,和所有人建立了亲密关系,他来到这个亟须关怀的地方,他独自一人完成了这所有成就!他回答大家时多么谦虚。当科尔夫说,这块由他亲自安置的大理石板——是此地的 Genio loci①,是对他工作的肯定,难道他不是在喝他的倒彩!那个守护神是他为纪念皇帝而建造的,甚至不是他建的,而是皇村中学建的!不管怎样,他凭借努力赢得了这一切。

一如既往地不幸,他去有人的地方转悠!总之,他碰见了那一对儿,正在做无耻的事儿!这年轻人被托付给了他,他认真监督,关怀备至,只求他不要捣乱!可这个爱攻击人的普希金却教唆坏了大家!他立刻恢复秩序并查清真相。寡妇玛利亚·斯密特得离开,整理好东西,请

---

① 拉丁语:土地神。——译注

福马带她离开。今天！现在！她已经被带走了。他维护着她丈夫的遗念。但这不是关键！他都不认识这个丈夫！他只不过在这儿挂了她亡夫的画像，好让寡妇不时看到，以供追忆。可他却撞见了他们。对此他只字未提，他隐瞒了这件事！他没告诉任何人，因为觉得可耻！在需要的场合，他会谈谈普希金的。

他并不想立刻行动，拖了一天。这无济于事！简而言之，事情是这样的：恩格尔哈特校长，真正的守护神，撞见了普希金和年轻的寡妇在一起。他立刻安排寡妇离开，并决定推迟一天后再处理普希金的事。他悄悄对警察说：

"我要让他，让他的灵魂离开这里！"

也许这个灵魂将不复存在。然而就在那天，涅列金斯基－梅列茨基那个老头儿来找他，从老皇后那儿带来了一个题字的钟表。叶戈尔·恩格尔哈特庆幸自己没有早一天把那个年轻人赶出去。真是命运使然！他正好在总留言簿里给普希金写了句评语："他的思想和心灵都是空虚的。"普希金当然很兴奋，但尽力克制了自己，当所有人都在纪念册里给他留言时，他自己也写了最简短但很得体的一条：皇村中学里没有忘恩负义的人。很得体，但也一如既往地含糊。校长并无恶意，真的为普希金的无情感到伤心。收到钟表后他没有心软，虽然心里满意，但表面上一言未发。对待他要更加小心！他寻求与众不同的慰藉。科尔夫说过：他空虚、冷酷，只有两样东西能让他兴奋起来——女人和诗歌。

恩格尔哈特无法预见太多。

据说，这钟表是皇后的礼物！给谁的？给普希金的。他愿意要吗？这人的内心冰冷又空虚，仅此而已。忠诚的科尔夫对他说了自己对普希金的看法。科尔夫挺聪明，他的聪明经常派上用场。科尔夫关于普希金的定义是冷酷和空虚,只有女人和诗歌能激发他的热情。怎么样!科尔夫是皇村中学的佼佼者,他是对的。而那个寡妇没什么好说的,她已经走了。

可有谁能想到,他的诗歌就是力量!上帝晓得这牙尖嘴利的嘲笑者是从哪儿学来的法国那一套。伏尔泰早已不在世,上帝与他同在。可他了解文学吗?皮毛而已。还没接触到德国文学。他想让他们在皇村中学学到上流社会的交际能力。多么恶毒的嘲笑!

而如今,校长得忍受这种屈辱,因为他收到了钟表。上帝与他同在。尽管不是给他的,但对皇村中学终究是件喜事。可他并不爱惜这块表,昨天还弄丢了。恩格尔哈特老头儿还要担心这个。

他叹了口气。应该说说这事儿了。

除此之外,要知道过去的一年里,在皇村中学不得不忍受什么!都是因为他。当然,丘赫利亚脾气古怪,可他父亲是个值得尊敬的人。不能盯着他那些古怪行径不放。尽管他父亲和恩格尔哈特是老交情,可丘赫利亚还是突然做了出格的事儿!毫无疑问,这是普希金挑起的。

突然说,校长只和那些能对一件事提出很多看法的人交朋友。好不容易得到了罕见但依然体面的回应,谁的?阿拉克切耶夫的!而他感染了这里的所有人。万一发生什么事呢?丘赫利亚甚至发表过演讲。他剥夺了他,也就是剥夺了所有人。还得看看这位老手有没有弄丢了表。福马!盯着点!盯什么?盯表,福马。嘿嘿……

24

他住在哪儿?他没有住处。

任何时候都没有人知道,也无法说出——在哪儿。

而最终：他是谁？

为什么，为何出现？为什么，在得到皇帝召见之前，卡拉姆津应该争取蒙受他的召见吗？

也许，是秘密召见？

事实上，怎么可能没有秘密？

女人们焦躁不安。秘密。据说，他救了差点溺水而死的皇帝。皇帝可从没想过要淹死。可这种友谊又从何而来？只不过是因为忠心耿耿，不阿谀奉承而已。毕竟皇帝身边都是溜须拍马之徒。

还有人说他不识字。不过他倒是乐意亲自说说这事儿。不，他识字，虽然没有异于常人的高超学识，但也不低于必要的水平。

他当过炮兵，从年轻时就熟悉火炮。人们说他 12 岁时就把斯佩兰斯基打得满地找牙。不，他和斯佩兰斯基虽然很少来往，但关系不错。

他靠什么坚强地支撑着？没人知道他靠什么支撑。军队和前线。没有人比他更了解军队。

沙皇动身离婚去了。应该相信，他相信军队，军队能拯救一切！在军队驻扎的地方，居民都会精神百倍。再也没有更多了，粮食会有的，在军队里只有皇帝能和他相比。据他所知，皇帝也信任不会溜须拍马的忠诚之人。普通的军队队列等于良心，在保罗皇帝统治期间，这种艺术并不为人所知。其他一些人开始说，拿破仑不是被军队击败的，这是浪费口舌。有军队在也许会更好，这些其他人都是年轻人。入列！在队列中走 20 年，而不是一天两天。不争辩，不叫喊。人们用不同的方法进行教学，有一位来自英格兰的人进行教育交流。兰开斯特式的相互教学，双方互相学习，据说很快就能学会。但麻烦在于，看一眼就直接教会了。整个军队都开始读书！

他什么都没说。他明白这不会发生。毕竟不是开始阅读的问题，就算都开始读书了，但谁会写呢？

连不敬上帝的小报都出现了。尽管读吧。据说，在营房里所有手写及印刷品都要收集起来进行审查。今天他负责审阅。他拿起一捆手写和印刷书刊，书刊用绳子简单地绑好，就像他平时做的那样。没有奉承。他开始迅速翻看，有什么新闻吗？什么也没有。感谢上帝，没有新闻。他在寻找有关一处军用居民点的消息。许多人来访。或许会有反响，有关系？这样做比较体面。他不喜欢奉承，但需要秩序。有人给其他部门写信，就让他们写去吧。

不，这不是态度，而是议论。

这是诗歌。他一边走，一边兴奋地念着：

…没有思考，没有感觉，没有荣誉，
他是谁，"没有奉承的忠诚？"
只是一个普通的前线士兵。

这份传单是匿名的。尖刻的抨击者们。看，拉夫罗夫，是谁？这是你的事。只是一个普通的前线士兵，他又痛苦地朗读了一遍。"简单，简单，聪明的人"——他说道。一个在前线打了 25 年仗的普通士兵，看起来像，你且教教他。你能教会他。前线一切都很简单。立正！稍息！持枪！瞄准！

25

普希金有了一位新朋友和崇拜者。就像他生命中的一切一样突如其来。像个疯狂的胸甲骑兵,像一个不惧牺牲的骑士一样策马飞奔,牺牲来得越快越好。普希金在骠骑兵那儿见到了这位全速疾驰的胸甲骑兵。这位骑兵小小的个子,新制服裤子出奇地肥大,上身穿紧身新制服,外罩一件华丽的新斗篷,带一把短佩剑,策马疾驰。看守喊起来了:"停下!等一等!"他立刻就像钉在地上一样稳稳地停了下来。那匹身材苗条的白色小母马猛地昂起了头,喘着粗气,汗从马嚼子上滴下来。骑兵解释道:

"马跑得太欢了。"

然后慢慢地,一步一步地跑起来。终于停下了。

他穿着刚做出的新制服。很明显,他已经让马尽力快跑,这是最后的狂奔,但没有人会想到这一点。除此之外,他做什么都很麻利。所有人都知道他的两次决斗。下马后,他就成了一个难以描述的安静的美男子,来找莫洛斯特沃夫或卡维林谈事情。谈的事情当然还是决斗。尤里耶夫召见他。为什么?什么也不为。一看到普希金,他立刻眉开眼笑地跑过来。

他是诗人希什科夫,早就想和普希金做朋友了。

亚历山大·阿尔达利翁诺维奇·希什科夫写了些急就章式的哀诗,事实上和他的风格很像。最近又开始写讽刺短诗,模仿痕迹太重,普希金看了皱起了眉头。但希什科夫根本没想过要隐瞒,他们相识后立刻建立了热络的友谊。他一边抽着烟一边被烟熏得喘不上气,他坦诚地对普希金说,自己受不了烟味,但只有吸烟才能表现绝望,所以不能不抽烟。

这也太坦诚了。普希金一开始就傻眼了。希什科夫的大伯是著名海军上将,人称"陆地海军上将"的希什科夫元帅,老头子是可怕的"座谈会"组织的主导者,卡拉姆津的对头,最近正忙着研究词源学,这不仅激怒了瓦西里·里沃维奇大伯,也鼓舞了他。没有他,《危险的邻人》就写不出来,这本书写的就是他的走狗们的故事。

现在时代不同了。十二年飞逝而过,等待着,一切都不可能保持原样,而所有保留下来的都和原来一样。出现了很多机灵聪敏的人。陆地海军上将有一个机敏的侄子,著名的大伯对他关怀备至,令他很是烦恼。他很反感自己的头衔:"第二。"他说:"大伯是第二,我不是。"

亚历山大·阿尔达利翁诺维奇从桌上拿起一张扑克牌,把另一张推到普希金面前。今天普希金不想玩。希什科夫拿着纸牌,全神贯注地看着他,接着从袖口里取出两幅肖像扔在桌上,希什科夫第二用铿锵有力的声音说道:

"大伯对大伯。"

所有人都安静下来。亚历山大目不转睛地看着希什科夫第二。瓦西里·里沃维奇大伯对海军上将希什科夫!很久以来,一些人拿大伯赌咒发誓,另一些人咒骂大伯。而今天,大伯对战大伯。两个带着荒谬敌意的对手。不是太过了吗?他扔了纸牌。瓦西里·里沃维奇大伯的确荒谬可笑,但他并不喜欢这样的笑声,这不是善意的笑。大伙儿笑了起来。只要有希什科夫第二在场,那么不是以笑声结尾,就是以决斗告终。

卡维林把瓦西里·里沃维奇和海军上将的牌都重洗了一遍。

"绝望的勇士。"他说道。

而绝望的勇士已经在读讽刺短诗了。难怪他要穿着新制服骑马飞奔直到筋疲力尽。

讽刺短诗不长。看得出来,他读过普希金的所有诗作,所有人都能一下子说出这是普希金的诗作。

你们想要自由，便给你们自由：

瘦裤子也能做得又肥又宽。

他平静地读完了。

他看了看穿着肥裤子的骠骑兵们，接着一只手捂着胸口看着普希金，突然把烟斗朝他扔了过去，穿肥裤子的两条长腿砰地碰了一声，便快步离开了。

26

他每天都有同样的感觉，感觉自己将要闲逛一整天，走到中国村附近，有时会走小路斜着绕过那儿。一天他突然听到卡捷琳娜·安德烈耶夫娜和孩子们说话的声音。听到她说"我的小家伙们"，他愣住了。当她说起法语时，他觉得皇帝好像又来中国村了，他一动不动地站着，屏住呼吸，直到听见涅列金斯基傲慢、柔和的声音，他立刻轻声笑了。她和孩子们，和小安德烈在一起时总是说俄语。就这样，他站在那儿，听着她那悦耳的声音和小家伙儿们说话。她的语法错误总是让他无法抵抗，科尚斯基则像怕鬼一样无法忍受。他已经是第三次站在这里，第三次听她美妙的言语，突然，他恍然大悟般大声地说了一句：

"啊哈！"

他突然明白了，整个俄罗斯历史，从红太阳弗拉基米尔大公时代开始，他都是在这儿，向卡拉姆津学到的，而不是向她，卡捷琳娜·安德烈耶夫娜学到的。她是维亚泽姆斯基的女儿，是彻头彻尾的公爵小姐，她用悦耳的声音对孩子们说"我的小家伙们"。毕竟，几乎只有阿丽娜会说话。阿门！阿门！散队！

他必须见到她！在这个距离皇村中学仅几步之遥的，前所未有的中国村里面。

越来越频繁涌现的激情笼罩了他。

他真实地感到窒息，气喘吁吁，努力调整呼吸，就像和马林诺夫斯基打架时，虽然害怕但却不肯认输，拼命不想让人看出来。而此时竟然会因为她和孩子们说话时动听的声音，她的目光和爽朗的笑声而动心。她聆听他的诗歌时总按照自己的方式理解。仔细聆听后却一言不发，过了一个星期又想起来，轻声慢语地逐行念起来，好像在确信诗歌的内容。在这种谨慎的关注中可以看出，他的诗对于她多么珍贵和心爱。他也开始换一种方式聆听它们，审视自己。她以不同方式读一行诗，他想提醒她纠正一下，又突然决定就这样吧，对此他无可奈何。这决定是永久的，无关乎他，当然也无关乎她，直到最后。他无法预见到将要发生的事，上帝保佑——他对任何人都只字不提。对自己也只字不提，一切从一开始就被埋葬，无论是情欲还是温存。一切都被抑制。他好不容易才做到不再尝试认清自己和她。这是对伟大的作家卡拉姆津的犯罪，是对瓦西里·里沃维奇大伯的犯罪，也是对维亚泽姆斯基以及她偶尔提起的那个唯一的哥哥别佳的犯罪，是对父母亲的犯罪。他颤抖着想到，这罪恶会伴随一生，一辈子会立刻毁于一旦。他不敢去卡拉姆津家，怕揭开旧伤疤——明年以及此生，他要在哪儿、要怎样才能见到她？

瓦西里·里沃维奇大伯的家庭生活曾遭到不幸，便到巴黎去寻求救赎，祖父和曾祖父也同样过得不幸福，可他们做梦都不会遇到这种爱情，就像子弹贯穿了他的心脏。这爱情的秘密成了他沉重的负担，无休无止，无法偿清，一分一秒都无法逃避。

一切就这样开始了。

从一开始,他就准备面临一切后果。

此地的天才,中国村的神,是她的智者。他什么都知道,什么都见过,什么都能容忍,但唯一无法忍受的是,她如此深情地爱着那老人。她不让人为自己画肖像,因为不想让世人谈论她的美貌。卡拉姆津老了。对她来说,不仅是丈夫的作品和他的《俄国国家史》永恒不朽,任何时候他所写的都无比珍贵。不,她爱他,爱这位聪敏的智者和老师,正如人们爱美丽的姑娘。他对此无法理解。那这谦虚和忘我是怎么回事,这是什么黑魔法!他看到两个并排的头——一个是狡猾苍老的讲故事的人,一个则美丽绝伦,永葆青春。没有一个词、一句诗能够形容这份爱。要是无法掩藏,就说是别人的故事。撒谎,沉默,直至最终。

这就是开头。

27

像瓶中葡萄酒一样被堵塞的激情偶尔会退去。他叹了口气,开始用不同的眼光审视她,审视自己,审视人生。那些记忆的伤痛,和爱情留下的深深伤痕,还依然存在。

她退却了。讽刺短诗被遗忘。

恰达耶夫就是这样。一个想法,一个秘密,一切都能解决。他不知道,但猜得到。在恰达耶夫面前,他可以摆脱所有折磨。

爱情已经离开了智者的房间。爱,要么悲伤,要么可笑。悲伤已经消退,而可笑是不可能的。关于爱情的念头,正如疾病,已经消失了。

爱情没有跨过这个房间的门槛。这里藏着另一个秘密,迅速得到幸福的正确途径——不是自己的幸福,而是所有人乃至整个俄罗斯的幸福。

在这儿，在恰达耶夫朴素规整的房间里，充满着不安，知识和信心。恰达耶夫准确地清楚所有事情的期限。不幸和虚无应当在瞬息之间全部消失。

没人会说他是花花公子和纨绔子弟。他外表看起来是个慎重严谨的人，身穿整齐如雕塑的骠骑兵制服。不，他根本不是个纨绔子弟。他身上没有任何多余的东西，没有任何嗜好。莫洛斯特沃夫塞给他一枚宝石戒指，抵押玩纸牌欠下的赌债。

恰达耶夫注视着那枚戒指许久，然后把它从桌子上拂去。

他看着一脸惊讶的普希金说："当罗马城里的人贩卖奴隶时，用粉笔在奴隶膝盖下方的小腿上画一个圈来代替枷锁。"

见普希金更惊讶了，他便严肃地说道：

"我不戴戒指。它们会让我想起奴隶制。"

普希金觉得今天自己不认识他了。

他嗅了嗅仆人送来配茶用的一小块面包，就像一个品酒师在嗅葡萄酒，甄别拉菲和夏布利①。他从容不迫地用清澈和无所不知的目光看着面包。

"这些为我们服务的奴隶，"他望着仆人（他没有勤务兵）走出去的背影说道，"这些奴隶，难道不正是他们构成了我们周围的空气吗？而面包呢？是那些在地里耕作的奴隶们辛辛苦苦翻掘垄沟种出来的，难道他们不是养育了我们所有人的土壤吗？"

他一脚将地上的戒指踢开，用依然同样的声调说道：

---

① 拉菲和夏布利都是法国的葡萄酒。——译注

"这是一个恶性循环,我们都陷在里面。我的朋友,当我们挣脱了以后,你会认不出自己,也认不出自己的诗。而这应该很快就会到来,你比谁都了解过去的时代,也能感受到即将到来的时代。而最重要的是要预见到解决所有问题的时刻。亲爱的朋友,我们期望的一切都会到来,因为时间本身正在为此努力。你没去过瑞士。我在那儿见到了自由的农民。他们连走路姿态都不一样。阻止一切的主要因素是奴隶制的传染性。军事居住区里已经没有村落了,在恺撒执政之前都被传染了。怎么传染的?现在的一切都是自然形成的。奴隶制突然结束。感谢上帝,它具有传染性。你不会明白,它是如何高涨,如何统治所有人,并最终爬到了恺撒身边的位置。恺撒终于看到了它,奴隶制发展,而后消退,仿佛从未存在过。"

普希金和平常一样倾听恰达耶夫的话。话少,动作更少,不挥手也不微笑的恰达耶夫仍应该受到注意。普希金忽然向后靠了靠。

"问题在于布鲁图。①"他愉快地说道。

恰达耶夫不作声了。

"你今天有些不安,我的朋友,你会感受到什么是自由。"他平静地说道,"正如你立刻就要创作诗歌一样!奴隶制马上就要消亡。一定会这样。"

他礼貌地询问普希金,是否很久没见过卡拉姆津了。在卡拉姆津的《俄国国家史》中,他最看重的是他的语调,简单易懂,不偏不倚。但伊凡三世,虽然似乎是个了不起的沙皇,但他终究枉然地认为自己是最

---

① 布鲁图(前 85 年–前 42 年),古罗马共和国元老院议员,组织并参与了对恺撒的谋杀。——译注

好的。他很少留意到彼得。普希金对此怎么想呢？毕竟他在世时，四面八方都有国家来拜访俄罗斯，开始了对外沟通。

然而，在这个房子里的卡拉姆津一家人具有难以估量的优点——非同寻常的语气，以及这个家里的气氛。女主人的美丽令人惊叹。她的言语充满着平和、博学和对真理的自信，她无与伦比。

"我的朋友，你怎么了？"他担忧地问道。

普希金本来苍白的脸突然红了起来。他搜寻着想说的词，却感到思绪混乱，惶惶然悲从中来。恰达耶夫认真地看着他。他相信普希金，明白了他那无法得到的爱情，虽然还是有些忧虑和讶异。而现在，几乎看到一切，了解一切之后，他冷静地给普希金倒了一杯他从英国弄来的黑咖啡。恰达耶夫没向普希金提任何问题。要不是他，普希金早就会像个小孩一样，哭诉起生活的不顺遂来了。现在他却平静了下来。

告别时，恰达耶夫拥抱了他。

28

起床鼓敲响了。

天色尚是黎明，一天还没开始。一切都如往常，墙那边的普希金还未醒来。

起床鼓敲响了。

先是一声凄厉嘹亮的号声，紧接着便响起了密集、准确、清脆、饱满的信号鼓声。

起床鼓敲响了。

一本破旧的书卷从他手中滑落，是他夜里翻阅的但丁的作品。

这一年过去了，转瞬即逝。

起床鼓敲响了。

这种密集喧闹又快节奏的鼓声把他从不真实的压抑梦境中叫醒,他醒来了。而他的爱情真实得像时间,像行军的脚步,像未来一样。而最准确的未来是对过去的预测。

属于卡捷琳娜·卡拉姆津娜的俄罗斯历史,在脑海里,在心中。

起床鼓敲响了。

急速又精确。

他们比预期提前三个月完成了皇村中学的学业。学校的院墙已经无法阻挡他们。1817年6月9日,皇帝和戈利岑来到了学校会议厅,第二天他们就永远离开了皇村中学。

起床鼓敲响了。

三年后,皇帝在欧洲议会下令将皇村中学和皇宫隔开。命令下得很仓促,因为没有时间。需要赶快!精确、密集、洪亮。

起床鼓敲响了。杰尔维格诗歌里的皇村中学的行军。

起床鼓敲响了。稍息!

所有人都到了。他们即将去任职。大家从皇村中学毕业后都发生了很大变化,在学校时所有人都是一个样,毕业后大家才有了各自不同的步态。而丘赫尔别凯的步态更是前所未见。这样走是要去哪儿啊?

但是他也签了自己的名字。

他们被要求签名承诺,不在任何秘密和地下组织任职。所有人都带着轻松的心情签了名。

第一个来的是普希金,然后其他人也分别到了。

所有人都签了字,也都很满意。他们即将任职,人生开始了。

普希金决定不久后就要到自己的领地——米哈伊洛夫斯克村去。

大家约好将来要在皇村中学周年聚会上见面，一切都得到了谅解。普希金和杰尔维格拥抱了彼此。去哪儿？什么时候？在这个带圆柱的大殿里。

他签名承诺不参与任何组织后，突然笑了起来，皇村中学的组织呢？他们决定每年的十月十九日，皇村中学开学的日子，所有学生要一起聚会。米沙·雅科夫列夫被选为主席。"牲口兄弟"里都是自己的同学，不算组织。那"阿尔扎马斯社"呢？他已经有了阿尔扎马斯的绰号："蟋蟀"，这绰号出自茹科夫斯基的民谣作品，很适合他。因为他就像个蟋蟀一样不让人安眠。不，这不适合他的职务。除了周日和节日以外，他每天都得去上班了？一点儿也不是。

不，他们没有毕业。结束的只是课程，还有皇村中学的时光，黎明醒来，整天拿着讨厌的诗歌闲逛，结束的是这一切，而皇村中学没有结束，也不能结束。

家庭？没有家庭。父亲过着虚幻的生活，母亲性情急躁，经常没来由地喜怒无常。还有曾经的阿琳娜。

曾经的阿琳娜，曾经的皇村中学，没有毕业，就是这样。这就是生活，什么都没有增加。他皇村中学的那些伙伴都有谁来着？普辛，杰尔维格，还有丘赫利亚——诗才和命运均有共鸣的亲兄弟。数不过来，还有很多——是他真正的骨肉亲人。

当然，使他们亲近的不是校长恩格尔哈特。对他来说校长和马林诺夫斯基都没什么差别。

因此皇村仍然是他最重要的故乡和家园。

思想家会说：可这个兄弟会从何而来，为什么皇村是家园？因为他们每天都同时起床,同时吃饭,在一个地方散步,跟同样的教授们学习?这持续一生的疯狂般的亲密关系究竟从何而来?思想家想到这儿一定会摇摇头。他要是摇头就不对了:首先,不是所有人都有饭吃,顽皮的孩子们根本没饭吃。其次,生活中习惯成自然,习惯的作用是巨大的。人们需要一个统一体,而创建这个统一体的人不会被遗忘。恩格尔哈特并没有创建它,不管他多么想做这件事。起初是马林诺夫斯基,然后校长位置空缺,最后恩格尔哈特才出现。严格的思想家会问了:那到底是谁呢?难道是一半皇村中学的人都不记得的普希金?抑或是绰号叫二百个,会模仿护路工等二百种人物形象的雅科夫列夫?

对,就是普希金和米沙·雅科夫列夫。

他们记得所有自己人。

数得过来吗?还有具有连自己也难以理解的惊人记忆力的戈尔恰科夫,后来他的记忆力在世界外交界声名远扬。他和普希金在大路上见过一次,他们的领地相邻。两人一见如故,按皇村中学的习惯拥抱了对方。这就是皇村中学。不,恩格尔哈特校长不太理解他,甚至根本不了解他。话说回来,谁又能理解他呢?

米沙·雅科夫列夫的绰号叫二百个,他会模仿二百个人物,包括他认识的和见过的人,看守和普希金。后来他被推选为皇村中学毕业生们的领袖。

无论在哪儿,无论命运把他们带向何方。即使后来丘赫尔别凯被单独监禁在要塞监狱长达十年,每年的十月十九日,皇村中学开学这天,他都会庆祝这一神圣的纪念日。

皇村中学万岁!

29

另一个夜晚,他去了阿夫多季娅那儿。

他惊奇地发现,她俄罗斯中世纪式的美丽越发新鲜,她那中世纪俄罗斯式的古怪行为也越发古怪。阿夫多季娅这个名字最初也是她自己给自己起的,没有人会想到给自己起这样的名字,她本来可能会叫埃芙多克西娅,老人们叫她叶夫多基娅,但她现在叫自己阿夫多季娅。一个茨冈女人曾预言她会在夜晚的睡梦中死去。

第二天所有客人都被拒绝来访。

夜里她在涅瓦河边的房子着火了。很多车夫拿着夜里照明用的火把,赶着四轮马车聚集到这栋涅瓦河边的房子前,马匹在房子前打着响鼻,凌晨前聚拢来,天亮后就都四散而去了。很快就有一群赶时髦的人开始叫她 Princesse nocturne——夜曲夫人。她把白天当夜晚,把夜晚当白天。她年轻时曾经忘乎所以地陷入爱情,后来被嫁给了老头子戈利岑。年老的丈夫对她的言行举动没多大兴趣,也不去干涉她。于是她便昼夜颠倒地过日子,平静、绝望又带着某种勇气,以此来逃避死亡和命运。

她曾经专注于钻研数学,并出版了一本书。当维亚泽姆斯基听这位夜曲夫人谈论弧线和切线时,不停地偷偷画十字。

她和卡捷琳娜·安德烈耶夫娜·卡拉姆津娜私交很好。她穿着浅蓝色的萨拉凡①,很衬她的脸。普希金在卡拉姆津家,向卡拉姆津娜学习俄罗斯历史。而当他想到自己的英雄长诗,便立刻想见到中世纪俄罗斯

---

① 俄罗斯妇女民族服装,套在衬衣外面的无袖宽松长衫。——译注

式的阿夫多季娅,否则他的长诗就写不下去,因为见不到她,生活就不完整。卡捷琳娜·安德烈耶夫娜总在她那儿。

他赶了很远的路,后半夜才到。

现在马车夫成了让他头疼的问题,在皇村中学的时候他不用和马车夫打交道。谢尔盖·里沃维奇花钱很吝啬,总是和马车夫讨价还价,这是他的命运。而半夜去拜访夜曲夫人时和马车夫讨价还价,很困难。

他久久地注视着深黑色的涅瓦河。

公爵夫人派一名手持锤形杖的看门人迎接了他。

他走进去时,胸甲骑兵刚刚离开。阿夫多季娅穿着接待客人时的家常衣服:厚布织成的金色萨拉凡,上边用贵重的宝石装饰,萨拉凡很重,遮住了她的香肩。眼前的美又令他害羞起来。

她用银铃般的悦耳声音说,她不喜欢用俄语叫不出名字的新事物。哪里能想起勇士们,就像卡捷宁[①],从剧院里汲取了大量精力,现在干起活儿来一刻不停。

普希金不好意思地垂下了头。

卡捷宁的确在诗歌和剧院中花费了很大精力,但人们对他的评价并不恰当:好像卡捷宁不喜欢爱情诗。大家说什么的都有。而他的诗歌并不普通,是很有力量的好诗。毕竟他积极参加过反对茹科夫斯基和卡拉姆津的抗议活动。阿夫多季娅经历的痛苦太少。上帝啊!他从没有为了学问而出卖过智慧的卡拉姆津和极其顽强的茹科夫斯基。他的勇士们不

---

① 巴维尔·亚历山大洛维奇·卡捷宁(1792—1853),诗人,剧作家和批评家。幸福同盟成员。在有关戏剧艺术的问题上是沙霍夫斯基的同道者,也是演员表演中"古典"风格的拥护者。卡捷宁派朗诵艺术的冷淡风格(从他的弟子中涌现出来的著名演员有叶·伊·科洛索夫、瓦·阿·卡拉特金)与豪情洋溢、情绪激动的格涅季奇培养的叶·谢·谢苗诺夫的朗诵风格截然相反。——译注

好吗?棒极了!难怪他喜欢哼唱悲苦的士兵之歌:

> 一个士兵在迈步操练,
> 痛苦不堪,
> 真是疲倦。

他来找阿夫多季娅也是为了学问。勇士会有的!诗歌会有的!明天他就要去找卡捷琳娜。他想起了"小长诗",咬紧了牙关。

阿夫多季娅用银铃般的悦耳声音对他说,现在男人的大部分精力都放在了歌曲或者数学上,所有人都如此。在一首歌里有个舍列梅捷耶娃·安钮特卡①,最初住在女仆的房间,后来到了公爵的卧室,最后成了伯爵小姐,看看这首歌!超越了所有歌曲!而她的数学著作已经在巴黎出版,但人们不懂!他们的脑子都去哪儿了!

手持锤形杖的看门人过来报告说:

"公爵求见。"

阿夫多季娅那年老的丈夫来了!她吩咐说:

"告诉他她已就寝。现在天晚了。请明早来。"

于是看门人便传达说:

"公爵夫人已经就寝,请明早过来。"

这是一次恶意的嘲弄。老公爵经常笑话她的怪癖,只有非常需要时他才会在黎明前出现。

---

① 普拉斯科维娅·伊万诺夫娜·舍列梅捷耶娃伯爵小姐(1768—1803),本出身于女奴。在舍列梅捷耶娃自己创作的歌曲中,以及这些歌曲的一系列变体中,叙述了一个农奴姑娘如何华丽转身为伯爵小姐的故事。——译注

而阿夫多季娅离开了普希金。

她像古代战士脱掉盔甲一样，把自己镶满贵重珠宝的萨拉凡扔在一旁。她中世纪的说话风格很爽朗，她那中世纪的双肩永远那么迷人。阿夫多季娅在卧室里魅力四射。

"熄灭蜡烛。"她说。

30

自由！

他唯一认为可贵的，只为它而活的自由。在任何地方都没找到，不论爱情，友谊，还是青春。

他坠入爱河后才明白，如同强盗在牢狱中受尽折磨：没有一句真话，也没有诗歌。

他不敢接近她，只是远远地看着，以至于没有人会猜到，也没人会想到。他的一生注定如此，直到死亡。

他被推选进入了自由的"阿尔扎马斯社"，成为"蟋蟀"。

事出意外。维亚泽姆斯基让沙霍夫斯科伊不得安宁，并宣称要报复。他做了回应，写道，奥泽罗夫是被害死的：

奥泽罗夫的灵魂在呼唤你：朋友们！复仇！[①]

他是发狂而死的。维亚泽姆斯基说过，他是个天才，死于沙霍夫斯科伊的妒忌。

---

① 摘自普希金的诗《致茹科夫斯基》(1816)。——译注

在卡拉姆津居住的中国小屋里,每个人都踮起脚走路,好像家里有个重病人一样。他本应憎恨,屈服。

自由!

恰达耶夫第一个来告诉他关于她的事。

他完全不喜爱阿尔扎马斯社的勃鲁多夫。比他更傲慢的自大狂多的是。他的笑话总是复杂又不好笑。现在他去外交旅行了。那么他祝愿他旅途愉快!

卡拉姆津所做的事情很神圣。恰达耶夫也值得称赞。自由与理智!

在他的家里遇到了受害者们。谢尔盖·里沃维奇看到长大了的儿子签署了不参加任何组织的承诺,抱怨说,不光哥哥瓦西里·里沃维奇,就连妈妈都不理解他们这些姓普希金的,也就是不理解他谢尔盖·里沃维奇。他让儿子成为尼基塔的随从,他甚至宽容地看待儿子的胡作非为。走吧,走吧。

他自己也曾写过,并且现在依然在写。儿子创作幸福的诗句,他自己也曾写过。

旅行家安塞洛去年写道,普希金这一姓氏很适合创作诗歌。他的大伯瓦西里·里沃维奇渐渐老了,亚历山大想看看家族世袭的领地米哈伊洛夫斯克吗?他本人也不反对。亚历山大会永久地得到他的尼基塔。这他的意愿。

这就是他父辈的家园!

这间长方形的房子里曾经住过他的祖父,在这里留下了很多记忆。然而,要是以家族方式去了解过去的时代,那么整个俄罗斯国家的历史就会变成激情和疯狂的历史。就这样吧。阿琳娜在看管这座房子,这间祖父住过的房子比父亲在圣彼得堡的房子要更舒适,食物更丰盛,甚至更漂亮。

一大早他就冲到窗前,从张罗煮茶的阿琳娜身旁跑过,朝湖边跑去了。

马列涅茨湖地势低,非常小,形状精巧奇异。他从小丘上纵身跳进了水里,马在岸边高处等他。他去了相邻的三山城庄园,他将其戏称为城堡。那里一如既往地居住着橡树般粗壮的普拉斯科维娅·亚历山德罗夫娜·奥西波娃。普希金精神饱满,常给她解闷。她很早就认识他的父母,并且走得很近,她听说了所有人都争相阅读他的诗歌,她很清楚,他的母亲一定很难理解自己的儿子。她认识他的母亲。普拉斯科维娅·亚历山德罗夫娜丝毫不希望自己的女儿们围着普希金转。她们还小呢!让他随心所欲地写关于爱情的作品,她并没有明令禁止。

女儿们什么不明白呀?她自己是最明白的人。

今天有一艘船沿着湖岸行驶。

船上扬起一张方方正正的宽大的帆,上面全是补丁,鼓满了风,沿湖岸向彼得罗夫斯克的方向缓缓而行。他现在正执笔描绘的那些时代,船只们大概也如此在这里行驶吧。

这根本不是童话故事。三山城庄园像一个古老的要塞、古老的城堡般高高耸立着,看起来不像个平静的庄园。他知道,在这儿,伊凡四世曾将波兰堡垒夷为平地。从皇村中学毕业后,他马上就来到这里,因为在这儿能轻松地呼吸。他来这里是为了写那首在皇村中学时就开始构思的长诗。人们已经知道他在写长诗,并且已经快写好了,但还应该等一下……等什么呢?

这也正是谁都不能说的事儿。首先没有什么比等普希金的作品更重要。

古罗斯,自由的生活!他整理好一支轻盈的羽毛笔,思索着。三山城的山丘美不胜收，伊凡四世，加冕的怒火，在这里驱赶了敌人。这里是俄罗斯的古迹。这完全不是和平的诗篇，不是古罗斯和平的弗拉基米尔时代。不，这是一场古代的战争，俄罗斯的战争。他带着皇村的记忆来到这儿。不，不是和平，而是战争。

这是他的第一首长诗。没有和平，上帝与他同在。想到古罗斯，想到弗拉基米尔大公神话般的王国，他便联想到历尽苦难后依然存在的罗斯帝国。

是的，它仍然存在。弗拉基米尔大公的罗斯并不古老腐朽，它和其他时代一样。勇士们在它身后疾驰，他认出了其中的外族人。粗壮的身躯和名字像莎士比亚笔下的福斯塔夫——法尔拉夫，一个肥胖的叛徒，占据了他的脑海。

不，古罗斯并没有结束，勇士们也没有消逝。他们为它而战，为柳德米拉而战，为光荣而战。罗斯依旧，美景依旧。

家乡的土地没有改变。

所以他在这里。而现在他要飞奔到三山城去。

31

他到这儿的第二天，回到了家。今天他没在家过夜，而是和不忠的少妇们待在一起，他一眼就认出了她们。今天不走运。他看到那轻巧的步态，纤细的玉足，摇摆的腰肢就近在眼前，他一路小跑，最后却发现门是锁着的。

她怎么那么快？这几乎是不可能的。但却那么轻巧！好吧！他便在院子里等待，不停地来回踱步，搞不懂自己怎么会像孩子一样被哄骗了。那纤细的双脚点燃了他的欲望。他走得越来越快，呼哧呼哧地喘着粗气。他做好了一切准备,很快就失去了耐心。他奋力攀爬,心脏怦怦直跳。他用拳头捶着墙,恨不能马上把门撞破,她那纤细的小小双足决定了一切。今晚不能没有她。这到底是怎么回事?她逃到哪儿去了?为什么逃走了?背叛!嘲弄!这个不忠的少妇和这扇上锁的大门使他心中燃起了怒火,他像个钟摆一样在门前走来走去。院子里一个人也没有。就这样过了一个小时、两个小时。他决定不认输,他怎么也无法控制自己,受侮辱,狂怒,他努力不去想那小小的纤足。好吧!他已经冷静下来,并准备等到晚上。她不可能不从院子里经过。

他在院子里踱着步,疯狂而又冷静。她不在。一个人都没有!什么都没有!他就这样一直走到晚上,咒骂着背叛他的女人,也咒骂自己。他知道她的名字,不是俄罗斯人的名字:丽莎·施泰因格尔。现在很多这样的非俄罗斯人都聚集在了彼得堡,这些少妇不惜任何代价想谋取钱财。

他深知夜晚所有的秘密,也清楚女人们的诡计,但他就是不明白,这个漂亮的妓女跑哪儿去了?

爱情就像一场神秘的无声之战。他蔑视她们,嘲笑她们,但却不能没有她们。

什么是爱情的喧闹和出其不意?

爱情会带来不可避免的死亡和疾病。

这些水性杨花的年轻女人可以供所有人娱乐,就像圆酒杯一样传递着爱情的疾病。而这一天,普希金所诅咒的无名女子一整天都没放他进门,因为她病了。

爱情是盲目的,疯狂的,否则他就不会遭受这必然的失败。

他嘲笑水性杨花的女人们,有时还蔑视她们,这会儿都不记得了。

烦恼，怎么能爱上并走进某个人的生活，血液上涌。但他没有恨意。他痛恨并狠狠嘲笑过那些厌恶女人的人，那些从来不懂爱情的可笑的卑鄙小人。而与此同时，这些人已经无处不在，甚至在社会的上层和最顶端。

32

看起来，女叛徒们的整个人生都建立在背叛的基础上，她们在背叛中应该是最热情的，充满激情，疯狂且无法抑制，不知疲倦地沉迷于爱情。

根本不是这样。冷淡，节制，奇怪的适中性。爱情是她们的生意，对生意产生兴趣是无聊并且不合适的。她们明码标价出售自己，随意地对待别人，表面上投入他们的怀抱，实际上她们的激情并没有升温。

她们很能算计并且非常自豪。她们的嫉妒是冰冷的，生意上的嫉妒，而她们的自尊心则是疯狂的。

有一天他碰到了这样一个女人，她懂诗，阅读最新的杂志，受过一些教育，还很时髦。

"现在根本没人读伏尔泰的书啦，谁还需要他呀？"

普希金认真地听着。

"那需要谁呢？"他问道。

"巴松皮埃尔[①]。"时髦的女士回答道。

有这么个人。她也读过他的作品。拥抱的时候她直打哈欠，办事儿的时候好几次抬高了腿，冷漠地说道：

[①] 弗朗索瓦·德·巴松皮埃尔男爵（1579—1646），法国元帅，外交官。——译注

"现在又来了。"

冷漠的杀伤力真是惊人。

他问她叫什么,她的名字不像俄罗斯人,应该是故意取的假名:奥莉加·马松。关于她的一切谜团都故意带有令人不快的淫逸意味。奥莉加·马松和丽莎·施泰因格尔都是带着合理的目的,从不远的地方来到这儿,那些地方到处都是浪漫的人,她们来这儿不是为了满足自己强烈的情欲,而是为了物质利益。嫉妒不已的严厉的姑姨们伴随她们,很懂得怎么不引人注意,从不来打扰。随着羽翼丰满,本事增长,她们会为了家庭幸福而离开,留下寂寞苦闷和粗心的悔恨。贫穷使人远离死亡。然而,当普希金一天抱着一丝希望在夜晚的休息之处徘徊,突然发现自己口袋空空时,他想起一首关于一个可怜士兵的战士之歌:"士兵是个可怜人。"最后他深感困苦,喃喃哼道:

> 普希金是个可怜人,
> 他无处可去,
> 因为无事可做,
> 他不回家。

33

每天晚上他都去剧院,一天不落。著名的谢苗诺娃登台演出,他目不转睛地盯着舞台,如痴如醉地聆听她美妙的声音。

他对那两个每晚纹丝不动,眼都不眨地守着谢苗诺娃的人已经见怪不怪了。其中一位是加加林公爵,谢苗诺娃的丈夫,但这件事是秘密,他一个字都不敢泄露;另一位是个独眼老鹰,凶猛忠诚的格涅季奇。谢苗诺娃本是个出身于农奴家庭的女儿，但她扮演女王时仿佛就是女王本人。普希金不仅看到了舞台上的悲剧，他还在生活悲剧中看到了无与伦比的戏剧激情。他非常了解格涅季奇和谢苗诺娃。谢苗诺夫家的两个姐妹——叶卡捷琳娜和尼姆福多拉激起了他强烈的好奇心，令人惊艳。尼姆福多拉是一名优雅大气又冷静的女歌手。每个在剧院里见过她的人都知道：她悠扬的歌声和曼妙的身躯对剧院来说是无上的幸运。能拥有这样美好的嗓音是多么幸福啊！

而她优秀的姐姐叶卡捷琳娜却命运多舛。也许英雄主义悲剧就应该这样？当年拿破仑被民众团结一心的可怕力量所摧毁，在那些难忘的日子，剧院里上演了奥泽罗夫的歌剧《德米特里·顿斯科伊》①。当时尚未出名的年轻的谢苗诺娃在剧中扮演了主要角色，那是个空前的夜晚。解放了的俄罗斯民众感受到了自由，谢苗诺娃收获了雷鸣般的掌声和疯狂的欢呼。

她一夜之间成了一名伟大的俄罗斯女演员，受到了民众绝对的喜爱。当晚的掌声响彻全国，谢苗诺娃天籁般的嗓音成为俄罗斯的胜利之音。

她声名鹊起，直至现在。

但荣耀不会永远停留，也不会等待。

叶卡捷琳娜·谢苗诺娃的荣耀日渐衰落，尼姆福多拉开始享受作为

---

① 1807 年，在与法国的战争达到白热化的时候，彼得堡大剧院的舞台上上演了奥泽罗夫的爱国主义悲剧《德米特里·顿斯科伊》。演出获得巨大成功。"与俄罗斯武装力量有关的每一句诗，都伴随着观众哗哗的掌声……德米特里的最后一句独白……引起了震耳欲聋的掌声和欢呼声，声震屋宇。"扮演克谢尼娅角色的谢苗诺娃"美若天人：她的嗓音，她的神态和她的步态以及罗斯贵族身上的华服，以及披在肩上的披巾，这一切真的是迷人至极"。（皮缅·阿拉波夫：《俄罗斯剧院编年史》，圣彼得堡，1861 年，第 177—178 页）。——译注

一名歌手的荣耀。叶卡捷琳娜·谢苗诺娃的天籁嗓音取得了前所未有的成功,她得到了至高的荣耀。

那时候法国女演员乔治①成名了,她的演出在世界各地引起轰动。她用平淡的情感表现强烈的悲剧色彩,使情感如乐曲般悠扬动人。

乔治来到了圣彼得堡,谢苗诺娃去欣赏了演出。她的命运被注定了。她动人的嗓音令人信服,歌声优美的悲剧成了她的厄运。俄罗斯舞台女王与法国舞台女王之间展开了一场前所未有的竞争。最终她赢了。人们的泪水和《德米特里·顿斯科伊》的掌声还没有被遗忘。每当叶卡捷琳娜·谢苗诺娃天籁般的声音响起,她面前的所有人都向她鞠躬,一致向歌声优美的悲剧致敬。

对于悲剧来说最重要的部分是开头和结尾,即主人公的第一段和最后一段台词。悲剧开始支配某些诗歌和重要词句的印象。就像诅咒和誓言,为它们吸引众多疯狂的追随者。悲剧的一般过程被遗忘了,甚至连一些台词和冲突的意义也被遗忘了。曾经的悲剧之魂。她的开始、连续和结尾动作变得有名,而悲剧的一般过程并不明显。女胜者天籁般动听的言语俘获了所有人,清晰的内涵已经不被在意。但对悲剧的记忆,对诗歌和动作的记忆仍然留存。

后来这位伟大女演员的帮手出现了。

诗人格涅季奇个子异常高大,这只独眼老鹰并不靠那些零碎的诗歌记忆活着。诗歌的鼻祖,伟大的《伊利亚特》深深吸引着他。应该创作出俄罗斯的《伊利亚特》。格涅季奇了解并坚信俄罗斯诗歌。从此他的

---

① 乔治(1787—1867),原姓韦梅尔,法国女演员。——译注

命运已经注定。① 他开始日复一日地研究并翻译《伊利亚特》。俄罗斯应该拥有自己的《伊利亚特》，对他来说俄罗斯的诗歌就是保证，因为它最自由，最洪亮，能够吸收并展现所有民族诗歌的优点。他坚信俄罗斯诗歌。他的工作日复一日、年复一年地进行着。

格涅季奇心中拥有伟大的使命，他觉得自己的生活里不能没有荷马的诗。他完成了大量典籍的翻译——包括修道士和文人的作品。

俄罗斯诗歌也可以是平和恬静的——如此便会产生俄罗斯的荷马。准确性是他的信仰。他做事从不半途而废。当独眼老鹰第一次看到谢苗诺娃的演出，他的命运便已注定。文人和修士的爱！世上还有什么比这更沉重？爱情成了他的精神枷锁，但没有爱他便无法活下去。

当他得知巴黎的乔治和他的阿芙洛狄忒展开了前所未有的竞争时，他变成了为爱付出的劳动者。彩排时他跪在舞台边上爬来爬去，开始时他举手做信号，并提示声音高低，结束时放下手做信号。聆听着他最爱的歌声，就像翻译荷马作品时一样敏锐和顽强。在表演过程中，独眼老鹰不时无声地重复谢苗诺娃的台词。

普希金一直聚精会神地观看并聆听演出。这伟大的女演员是否了解

---

① 1808年，女演员乔治在彼得堡上演了她的处女秀。她的发音吐字"和谐悦耳，抑扬顿挫，甚至可以说是如歌如泣"。如歌唱似的发音法也表现在和乔治扮演同一些角色的叶卡捷琳娜·谢苗诺娃身上。但是，正如帕·阿拉波夫所证明的那样，这不是模仿的结果：那时的发音法总而言之都比较"带有歌唱性"。但谢苗诺娃的确从乔治那里学到许多东西，最后，1809年，在乔治也在场的情况下再次走上舞台，扮演了《坦克莲达》中的阿缅娜伊达——这也是乔治演出剧目中的主要角色之一。谢苗诺娃的确"很优秀"。从这时起她的名气终于巩固下来了。在这场乔治和谢苗诺娃之间的竞争中，诗人格涅季奇起了很大作用，他被公认是一个出色的朗诵家。沙霍夫斯基"并未造访"谢苗诺娃，而是力求确立女演员米·伊·瓦尔别尔霍娃的名气，他一度曾将其与谢苗诺娃并列对举。谢苗诺娃在"表现了聪明睿智而又懂行的作家尼·伊·格涅季奇的指示以后"，取得巨大成功，并获得普遍的公认。——译注

她所出演的所有剧目呢？有时她好像在某种充满魔力的梦境中表演。幕间休息时，他迫不及待地冲向后台，渴望抓住她美丽柔软的双手，施魔法般摇晃她，摆脱她悲剧中的沉重。这样伟大的演员就会换个戏演，舞台上的经典悲剧也可以到此结束。

有一次他忍不了了，飞奔到她面前声音嘶哑地将自己的想法告诉了她，但她只是凝视着他，脸上没有笑意。她不理解他。

于是他握住她的双手，第一次也是最后一次——亲吻了它们。

忘记她是不可能的，正如荣耀，如生命，如骄傲。

到处都是激情澎湃。

谢苗诺娃的嗓音使人神魂颠倒。

不是词语的意义，而是权力和生活。

人们为她鼓掌，在说出某个词和答案之后她被唤了出来。

到处都是激情澎湃。

现在无论谢苗诺娃到哪儿演出，独眼老鹰格涅季奇都会坐在第一排观看。普希金不由自主地看他：诗人的膝盖上，是否还留有那位名演员以圣洁的嗓音唱出那些诗歌的开始，中间和结尾处时，他爬来爬去的痕迹。

到处都是激情澎湃，爱人的激情，公民的激情。

皇储贝里斯基大公在巴黎被刺杀了。

他朝着剧院走去，为了能再一次，又一次——第几次了？——观看俄罗斯的叶卡捷琳娜·谢苗诺娃出演的悲剧，为了听到她的声音，否则他无论如何都活不到明天。那出悲剧将成为他整个夜晚一个未画完的惊叹号，独眼老鹰每天晚上都要去剧院观看那出悲剧。

奇怪的是，谢苗诺娃虽然充满激情，但并不是爱的激情，而是公民的激情。

他聆听着她的表演,并随时准备鼓掌。但是今天,第一幕之后,他从胸前掏出一张肖像画,看都没看一眼,慷慨地递给了邻座。邻座目光犀利地看了一眼,立刻转头将肖像递给了另一个邻座,画像在各排之间传递。这是杀害皇储的凶手卢维利的画像①,画像上用粗体字写着"给沙皇的教训"。

他疯狂地为谢苗诺娃鼓起掌来。

34

年轻时做一个浪荡子弟对他来说太容易了。这位有名的部长并没有这么做。他教导学生,并实现了一切目标,这才是他的智慧所在!

由于特殊的爱好,部长的腰腹变得越发肥胖,笑容也越发聪明,越发神秘。

他获得了最大的权力,因为他巧妙地触及了信仰问题。福季②是他的敌人,但他暂时还不畏惧这个对手。

从他在教育和宗教方面宣传的所有细节之处可以得知,正是这细微之处使他变胖,并越发膨胀。

他的权力已经大到手眼通天,关照了一些特别感激他的人。越是渺小可怜的人,他关照起来越是无微不至。他所关照的人们都待在科学院

---

① 卢维利·路易-皮埃尔(1783—1820),法兰西手工业者,出于对法国波旁王朝的仇恨,谋刺了法兰西王位继承人贝里斯基大公,被处死刑。——译注
② 福季,狂热残忍的信徒和反动分子,作为一个神秘理念的宣传者而与戈利岑作对。——译注

这个避难所，他是他们的赞助者和保护人。他不怕任何人。圣经协会①把班特什－卡缅斯基②交给了他，一个清瘦的男人，福季在他面前也不过是个上帝的看门人。他不怕任何人。他听说了关于那个待人不礼貌的男孩的传闻。有一天，特别办公厅的冯·福克给了他一份材料，上面是文书官记录的诋毁他的诗。冯·福克是来自波罗的海沿岸的德国人，待人彬彬有礼。让高个子公爵读一读吧。戈利岑读过后，兴奋地直晃，他派人询问这个罪犯是谁。答案是：普希金。普希金的作品有很多，但戈利岑认为只有一篇——穆辛－普希金是当之无愧应受到普遍关注的。随后戈利岑公爵得知，这个普希金是个刚从皇村中学毕业的少年。

戈利岑伯爵又把诽谤文读了一遍，这是一个魔鬼以最凶狠恶毒的文体写就的：

看在上帝的分上，从四面八方，

挤对他吧。

这个普希金在呼吁谁呀？一帮赤脚的无名之辈吗？警惕，办公厅！警惕，冯·福克！最后的结尾部分含义更是明显得可怕：

---

① 这是反动的神圣同盟所做的工作，即粉碎发生西班牙、拿波里和皮埃蒙特的革命在俄罗斯在内政方面却伴随着向公然的反革命的急剧转变。这一由逮捕斯佩兰斯基开始的急剧转变，在从 1813 年广泛开展的圣经协会的活动中体现最充分，该协会主席是反动分子戈利岑。圣经协会及其他神秘主义协会集合了各种宗教信仰的代表人物，旨在以世界主义的宗教狂热来反对资产阶级革命思想。修士大司祭福季为了保存官方东正教教会的统治地位而同神秘主义思潮进行了斗争。——译注
② 班特什－卡缅斯基（1788—1850），俄国和乌克兰历史学家，古文献学家。——译注

怎么不试试从后面攻击？

那儿是他最弱的地方！

伯爵不自觉地用两根手指捏住制服的纽扣，向前俯身，如果他不是戈利岑，要是不用立即解决问题就好了。这样的人该送到哪儿去，该怎么办？这个嘴尖毛长的小鸽子。对这种人应该尖锐一点，戈利岑式的强硬。这小鸽子以自由精神的写作来诋毁中伤？他笑了。戈利岑接受挑战，他同意了，普希金，你不是热爱自由吗？给你自由，接着吧！

愤怒在哪儿呢？这种精神现在在哪儿呢？自由又在哪儿呢？

精神在西班牙①。那儿发生了平民暴动，反对法律权力——西班牙人反对他们的统治者，奥地利国王。

明天众人就会得知，普希金将被送往西班牙！

公爵搓了搓手。

在充满枪炮声和屠杀的国家，那个国王反对外国民众，民众反对国王的国度，到那儿去旅行必定有去无回。这自作聪明的孩子不会回来了！这是给沙皇的教训？不，这是给诗人的教训！

第二天，几名男孩找到普希金，并告诉了他一切。普希金看着这些孩子气的朝气蓬勃的面孔，伸出双手拉着他们，突然愉快地放声大笑起来，声音有些嘶哑。

"西班牙人会胜利的，"他说，"我会回来庆祝节日，戈利岑会尴尬死！"

---

① 1820年西班牙爆发了革命。——译注

这些男孩是谁？咱们秘密地压低声音，唾沫四溅地说出他们的身份：他们是师范学院贵族寄宿学校的学生，最擅长翻围墙，所以他们来到了这儿，现在要走了。

他们从哪儿得知的戈利岑的秘密？天知道。

他受到了保护，丘赫利亚在贵族寄宿学校当教师，男孩子们就像崇拜上帝一样崇拜他。

35

一天，一名片警来找他，并把他带走。普希金对这件事的简单程度感到惊讶。片警把他带到了警察总局，交给了局长——拉夫罗夫本人。

然而一切并不那么简单，这只是第一步。普希金还应被带去见特别办公厅的冯·福克。这个德国佬可不好对付，他曾传唤过格里鲍耶多夫，后者回家之后便开始烧毁自己的所有手稿。到了晚上，格里鲍耶多夫家就变得很热，因为炉子烧得旺。拉夫罗夫只是个警察，而这件案子对于冯·福克来说简直再清楚不过了。

拉夫罗夫让普希金等了整整三个小时。普希金走过警察局大厅，来到窗前，但窗子被遮住了。最后拉夫罗夫终于出来了，他看了普希金一眼，耸了耸肩。

"个子不高嘛。"他有点意外地小声说道。

普希金强忍着怒气。

拉夫罗夫头脑简单得出乎意料，没有一句多余的客套，他指着一个又矮又宽的大柜子说：

"那里边都是您的，按编号排列。"

柜子里塞满了普希金的讽刺诗和举报他的告密信件。

原来，警方长期以来一直忙着调查他。拉夫罗夫终于解释清楚了普希金被带到这里的原因。

他被带到警察局，是因为没有人比他更清楚那些禁忌话题，以及什么人谈论了这些话题。

"您会告诉我们的。"拉夫罗夫说道。

普希金笑了起来。多聪明的人！戈利岑离他很远，让他先吃点苦头。

拉夫罗夫把普希金留下来，让他反思。

他被关了起来。

普希金在警察局里待了很久，突然感到悲伤。他什么都不惧怕，警察局，拉夫罗夫，都不算什么。

可毕竟还是！

当他回到自己的住处时，已经是黑夜了。

拉夫罗夫出了名地重视老一套的警察规矩，喜欢若有所思地盯着自己满是汗毛的拳头，再看看犯人。囚犯明白他的这个眼神，他有自己独特的办事习惯。对待有名的大盗贼和穷凶极恶的杀手，他有独特的警察式的尊重。他认为普希金是个要犯，但还未被逮捕而已，这样更好，让他想想吧，时间有的是。

36

费奥多尔·托尔斯泰的平和令人激情澎湃，年轻人都不得不承认这一点。要是有谁不承认，他很快就会自愿或被迫改了主意。他并不热衷于决斗，却逃不开。据说已经有近百人死于和他的决斗。

他听说，格里鲍耶多夫在自己的喜剧剧本中还这样提到了他：

> 要是去堪察加我便同意，回来就是阿留申人
> 结实的手上怎么能不沾泥①。

关于堪察加和阿留申人的内容是真的。见到格里鲍耶多夫后，费奥多尔·托尔斯泰让他将这句诗改成："玩牌的手不干净。"否则人们会以为，他从桌子上偷走小银勺。他的这种冷静客观比决斗更加令人信服。

费奥多尔·托尔斯泰无法忍受世俗的模棱两可。他做决定总是迅速而又直接。他脑子里都是普希金的名字，所有人都在谈论他呢！

听说普希金被带到拉夫罗夫那儿，直到晚上才出来，人们对此各有不同评论，不知道他在警察局里经历了什么，费奥多尔·托尔斯泰对此简短说道：

"揍他了。"

那些花花公子们恍然大悟，他们以前怎么没猜到！

一小时后一位老妇人详细地告诉他：

"房间里除了一张桌子什么都没有，也没地方站。您想想，突然间放下一块地板，那些人拿着桦树条子站在那儿，一切都顺利妥当。至于由谁安排并且怎样安排这一切，挨揍的人不会知道的。"

到了晚上，所有人都知道了这件事，人们彼此转告，议论纷纷。又出现了很多新的细节。傍晚时，普希金在街上走着，遇到了三个熟人，他们飞快地瞟了他一眼便急忙躲开了，难道是他看错了？

冯·福克结束了在特别办公厅的一个工作日。

冯·福克对今天非常满意。

---

① 这句台词出自《智慧的痛苦》。——译注

出名的时候，他就预见到了这一天，任何人、任何地方都不再提及他。人们谈论到普希金都说他在警察局里被揍得不轻。写过那么多极好的和有煽动性诗歌的诗人挨了揍，以后再也不会写了。所有人都记得他挨了揍，今后他没有危险性了。当然，他暂时还没被驱逐，但他挨揍了。驱逐？这是个大问题，不着急，冯·福克有时间。

与此同时，他的驱逐被推迟了，因为一下子出现好几个地方，好几个方向。

算了，只是在说驱逐的事儿吗？

不，福季知道只有一个地方适合普希金，这个因诗歌的诱惑力而招致毁灭的人——索洛维茨修道院。他在那儿不会梦到有害的女人们，在那儿他会受到约束。他要是待上十年，就学会礼貌学会磕头了，再多的就不会了，而那些文字的舞蹈也会忘得一干二净了。

阿拉克切耶夫认为这个大嘴巴作家应该被送进彼得保罗要塞，或者永远充军。

戈利岑伯爵认为应该把这个自由爱好者送去西班牙，那个地方很适合他。虽然普希金的事很好搞定，但大家的意见却无法统一。更重要的是，关于普希金的手稿的意见也不统一。甚至连手稿还没有搞到。怎么才好？

恰达耶夫在策马疾驰。

尽管他得以最快的速度赶到首都，尽管他的马是一路上最快的，他真是迈出了完全疯狂的一步。

恰达耶夫在策马疾驰。

如果马跑得不够快，如果不得不跑得慢些，以免出意外，一切都将在今晚之前搞定。他要赶到卡拉姆津家和他谈，不能等了，不能有任何意外或多余的动作。马儿均匀地喘气，稳稳地飞奔着。今天他往回飞奔。军情紧急，时不我待。他要告诉卡拉姆津，普希金面临危险。诗人遭到那些盲目独裁者和奴隶制拥护者们的痛恨，奴隶制的捍卫者已经拿起武器开战了，他们痛恨诗人。时间马上就到了，没有诗人就不会有未来，请务必留意！

恰达耶夫在策马疾驰。

马儿细瘦的鼻孔均匀地深深喘着气。

马不会倒下，不能失足。

没有诗歌的国家就成了哑巴，民众的记忆就会沉寂。奴隶们不会消灭普希金。

恰达耶夫冲到了目的地，翻身下马，他看了看马儿聪慧的双眼，马儿也骄傲地看着主人的眼睛，高高扬起了头。

大家都开始习惯于普希金的倒霉遭遇，他还未开始的流放，以及那些不断滋生的传言。人们已经见怪不怪了，但恰达耶夫的到来改变了这一切。普希金确实遇到了麻烦。时间不等人，有什么危险？但不管最后判决会带来什么危险，有一点很明确：得救他——骠骑兵们开始说话了。

卡捷琳娜·安德烈耶夫娜半天没吭声。恰达耶夫一如既往地冷静谨慎。当然，他是对的。尼古拉·米哈伊洛维奇也一如既往地敏锐明智。她知道，明天将要发生一场重要谈话。她决定要一如既往地说出真话，而这真话就是：唯一能拯救普希金的人就是尼古拉·米哈伊洛维奇。只要他在皇帝面前开口，一切问题都能解决。恰达耶夫是对的。她明白这很难，那好吧，她要再次施展招数了，她要要要滑头，还得保持镇定。

尼古拉·米哈伊洛维奇很快要觐见沙皇。要谈起这件事该有多难！

但是不能毁了普希金呀。当然，普希金是个疯子，他的那些讽刺诗可怕到了荒谬可笑的地步。而每首诗里都能看到和听到他的影子——因此荒谬可笑，也就更加可怕。

事情就是这样。最重要的是看似最简单的问题：如果不关进要塞，不送到西班牙，那要把他送到哪儿去，交给谁呢？

皇帝忽然撇嘴笑了一下。他不愿意在这一天发生什么可怕的事情。卡拉姆津有个可爱的妻子。当卡拉姆津说起南方时，他忽然接上了学者的话答道：

"英佐夫？① 好啊。"

这个略显怪异的姓氏属于南部边疆区移民监护委员会总监督长官。在南方一个叫叶卡捷琳诺斯拉夫②的地方，去那儿的外事委员会——这甚至算不上流放，而是调任。

叶卡捷琳娜女皇在位时喜欢赐名。她曾将一出歌剧里的冒险家称为卡里法尔克瑞尔斯通，这是许多冒险家的姓氏之一。

英佐夫这个奇怪的姓氏也出自女皇陛下的手笔。

康斯坦丁·帕夫洛维奇大公有个儿子，必须给他起个含糊不清的名字。他本来有个德国名字叫康斯坦丁斯。后来被加上了词尾"索夫"并废除了英佐夫这个姓。

卡捷琳娜·安德烈耶夫娜焦急地等待着丈夫。她既为普希金担忧，也为所有这些念头和纠缠不休的烦心事感到担忧。她觉得对不起丈夫，

---

① 英佐夫（1768—1845），别萨拉勃区将军，总督。——译注
② 乌克兰城市第聂伯罗彼得罗夫斯克的旧称。——译注

她觉得自己应该对这些麻烦事负责。卡捷琳娜·安德烈耶夫娜甚至哭了起来。当普希金出现在她面前,她只是平静沉默地接待了他。他现在要和尼古拉·米哈伊洛维奇谈谈了。

尼古拉·米哈伊洛维奇并没谈起他所要面对的未来,也没提到他的长诗(他还称之为长诗)。

他话不多,只是让普希金向自己承诺要改正错误。他是否做了承诺?他会答应吗?

普希金如坐针毡,忽然开口说道:

"我保证……"

卡捷琳娜·安德烈耶夫娜如释重负地叹了口气。这座小山真的倒塌了。普希金忽然又温顺而坚定地补充道:

"两年之内。"

他答应了两年为期,卡捷琳娜·安德烈耶夫娜突然大笑起来。多准确!即使两年也好。普希金终究还是会保持自己那副样子,如若不然,那该多无趣啊!

但是他究竟要去哪儿啊?

不能去那些荒无人烟的地方,去没有声望,没有名分和回忆的地方。

他要去克里米亚。这是怎么回事?怎么去克里米亚?她对此一无所知。

她站在那儿,手边是刚从书铺里送来的给尼古拉·米哈伊洛维奇的几本新书,她习惯性地挨个儿翻着。普希金应该知道他要去哪儿。

她突然停了下来。送来的书里有一本是黑海及其附近地区的画册,是遵照拿破仑的命令在巴黎创作的。显然,克里米亚的景色让拿破仑异常关注。这本书不是新的,但很精美。大幅纸张上是艺术家鲜活描绘的众多令人惊叹的地方。一个姑娘身着长裙,肩上托着一只形状匀称的高水罐，正从陡峭的悬崖上跳下，一个山民从上面看着她。

卡捷琳娜·安德烈耶夫娜看了一眼这个地方的名字：埃尔祖鲁姆①。

卡捷琳娜·安德烈耶夫娜看着普希金，他仔细看了看这幅画，忽然对她说：

"我不会忘了它的。"

卡捷琳娜·安德烈耶夫娜愿意相信普希金真的不会忘记，也相信和他一起研究地理的重要性并不亚于她和尼古拉·米哈伊洛维奇的历史学研究。

37

廖伍什卡，列夫·谢尔盖耶维奇终于出现了。普希金对他说，自己会给他写信，并且只给他一人写信，因为他们是朋友。普希金会把自己生活的一切情况都写信告诉他。廖伍什卡则会写信告知他所有亲朋的情况，包括他们在哪儿，说了什么，想了什么。

普希金真的打算把一切都写信告诉兄弟。没有别的途径比这更容易使自己的信件家喻户晓了。他离开时，突然后悔没和廖伍什卡好好亲近，因为实在没时间了。列夫思维敏捷，但他的诗才受到限制——因为有哥哥在，因此他无法写作。所以，写给列夫的信会让所有人都知道他写了什么。

最后两天，他收拾好了所有东西，也料理了所有事务。《鲁斯兰和柳德米拉》已经付印。他去看了谢苗诺娃演出，见到了格涅季奇并告诉他，自己的长诗正在印刷，他要离开了，他必须离开。格涅季奇一直相信他，也相信他的命运，在剧院里见到时，把他当成观众一样——弯起

---

① 土耳其城市。——译注。

细脖子垂下头,承诺会帮助促成这首一出生就成了孤儿的长诗问世。随后两人都最后一次欣赏了谢苗诺娃的演出。

他写完了一本新诗集,望着厚厚的手稿,那是自己自由的笔迹。他做完了自己的事。剩下的时间不多了,已是春天。他想和每个人告别。

倒数第二个夜晚他去找了尼基塔·弗谢沃洛多维奇①。和即将彻底改变的生活告别不能没有骠骑兵们,两年就两年,用他的话来说——这不是告别。

还是要真正地告个别。尼基塔·弗谢沃洛多维奇是一个懂得所有分寸的人。和普希金告别要带着智慧和气魄,不能小心翼翼,更不能小气吝啬!

所以,骠骑兵们的拥抱更宽阔更牢固!

快到早晨时,斯托斯纸牌游戏激战正酣。弗谢沃洛多维奇壮实得像一棵年轻的橡树。

尼基塔·弗谢沃洛多维奇是个粗鲁的玩家。

"文登?"他问道。

大家玩得很快,下注也很大。

"文登说谎,"尼基塔说道,"玩斯托斯要真实些。走着?"

他扔了一把钱出来,叮当作响。

最后他赢了一大堆钱。

"祝我健康吧,卡尔梅克人。"尼基塔说。

小卡尔梅克人站在桌子后边倒着酒,软木塞砰的一声响,卡尔梅克人举起了酒杯。

---

① 尼基塔·弗谢沃洛多维奇(1799—1862),富人,喜欢剧院和音乐,翻译剧本。"绿灯社"的活动就是在他家举行的。——译注

普希金咬着嘴唇。

所有钱都输光了。

他拿起一本自己的新书,是用硬壳书皮装订的手稿,他在印刷前就做好了各种准备。

终于游戏玩到了不能再玩下去的地步,他要欠下债了。

"多少钱?"他问道。

"咱们来算算你的斯托斯赌债。"尼基塔说。

他拿起那本书,侧着身把它放在桌子上。

"我身后这样的老账更多。都算在一起,我押。"

尼基塔开始坐庄发牌。

他对普希金说:"别只押十卢布,你的美人儿不一样。"

普希金对这话异常感兴趣。

他问尼基塔:"那我的美人儿什么样?不是方块吗?"

弗谢沃洛多维奇说:"这你不会知道的。可能是方块,女的。"

普希金一点儿也不想笑。

弗谢沃洛多维奇既迷信又讲究。他的表达总是十分讲究的,他管方块J叫方块杰克。

"杰克在游戏中不算数。"

杰克不算数,但也赢了他。

天亮前尼基塔已经赢了他所有的牌。

多少出于尊重,他把普希金的那卷手稿单独放在了一旁。

普希金步行回了家。

夜晚比白天更加清澈。

只有他的脚步声。

716

他脱下帽子深深鞠了一躬。

给谁鞠躬?什么人都看不到。

他在给彼得堡鞠躬。就要去南方了。

涅瓦河威严地平缓地流淌着,一如往常,在彼得大帝时期它就这样流淌,在子孙后代统治时期它依然这样流淌。

明天他就要去向未知的南方了。

他向圣彼得堡鞠躬,就像给一个人鞠躬一样。他站了一会儿,脱掉了帽子,细细看了片刻,便转身离开。

38

他去拜访了拉耶夫斯基将军①。

将军并不老,严肃又细心。

他对普希金说:

"我的儿子和你交好,女儿们年纪还小。您和我们一起上路吧,我要去克里米亚,我们在叶卡捷琳诺斯拉夫见面。"

将军知道普希金是被驱逐的。他把这件事看作一个中尉或上尉服役过程中走了背运。

将军又出乎意料地补充道:

"时间到了,是时候了。"

还点了点头。

普希金明白,这位1812年卫国战争中的英雄,在生活中一直是个

---

① 即尼古拉·尼古拉耶维奇(1771—1829),将军,1812年战争英雄。1820年,携同小儿子、女儿玛丽娅(嗣后成为十二月党人沃尔康斯基的夫人)和索菲亚,带着家庭医生去高加索的矿泉城疗养。——译注

好父亲，要是没有小女儿们，他无论如何都没办法去克里米亚。

他的儿子尼古拉是个骠骑兵，在皇村时尼古拉早就习惯了常常见他，等着读他的诗歌。

而普希金自己呢？他不是军人，现在还遭到了流放，失去了保护，事与愿违。

不，他并没有失去保护。不，他是战士，尽管只是个诗人。他是一个统帅，是抑扬格的步兵，扬抑格的骑兵，讽刺诗的哥萨克哨兵，致命的精准性，百发百中。他的诗歌越简短，就越可怕，如子弹一般。卫国战争的将军拉耶夫斯基和他进行了简短地交谈，就像和一个年轻士兵、中尉或上尉谈话一样。他的诗歌是另一种形式的武器。

他经历了卫国战争，从没离开过皇村。他了解战争，了解敌人的力量。在他的第一首长诗里描写了古代的勇士们，描写了俄罗斯人的敌人——切尔诺莫尔——他想到了另一个时代的战争，为俄罗斯的荣耀和魅力——柳德米拉而战，一场古老的战争，突然成了未来的战争。瘦小的切尔诺莫尔飞来掳走了柳德米拉。[1]

他仿佛知道，可能会发生这样的战争，也会取得这样的胜利。他想到了战争里的黑暗力量：背叛。想到了罗格代[2]，还有肥胖的法拉夫。

一天，卡捷琳娜·安德烈耶夫娜突然对他说，他把柳德米拉当成了一个活生生的人，并且他好像，爱上了柳德米拉。他吓了一跳，恨不能立刻跪倒在她脚下向她坦白，自己在写柳德米拉的时候，看到的总是她的样子。

---

[1]　普希金长诗《鲁斯兰与柳德米拉》中的情节。——译注
[2]　古罗斯勇士。——译注。

他有时就会这样：想着她，想象着她以前的样子。所以当他创作柳德米拉时，其实是不失狡猾地在写她。

一切该发生的，都发生了。

他最后一次见到阿琳娜，好好地告了个别，拥抱了她。

"再见了，母亲。"他对她说道。

阿琳娜被叫得莫名其妙，她看着他，想确认他是否在开玩笑。不，他没开玩笑。她又看看周围，一个人也没有，感谢上帝。

"您怎么啦，亚历山大·谢尔盖耶维奇，"她惊慌失措地说，"您有母亲啊。"

"有，"他严肃地说道，"你就是我的母亲。"

阿琳娜流下了安静克制而又熟悉的泪水。

他乘驿马车上路，他期待见到的每一个人都来送行了。

普辛来了，看了看驿马和马具，有点不太满意。

"大概不是驿马，大概是拉邮车的马。"车夫说道。

马林诺夫斯基也来了，在出发、到达和途中休息的时候总是少不了他。还在皇村中学的时候，他就被叫作哥萨克人，至今所有人对此还都记忆犹新。刚进皇村中学时，关于他的父亲——斯佩兰斯基——的记忆已经很久远了。他曾经并且一直是个哥萨克人。因为普希金曾在诗中称他为哥萨克人，所以他既爱普希金，也爱他的诗。

普希金赴任路途遥远。路途越远，别离之情就越浓烈，越亲切。

马林诺夫斯基想起《鲁斯兰》，说道："那儿的人都骑烈马。"大家都笑了起来，马林诺夫斯基援引了普希金的作品，真是调皮得很了。

丘赫利亚笑得气喘吁吁，眯缝着眼说道：

"马林诺夫斯基会背《鲁斯兰》？多了不起！"

所有人都沉默了。没错，就是还没印刷出版的《鲁斯兰》！《鲁斯兰和柳德米拉》！多了不起！

他的声望从皇村时期就开始了。

他被赶走了，去哪儿？去俄罗斯大地上。他还没有遍览尽知祖国的山川。现在他将要看到，将要知道了。并不是从北方平缓的平原开始，而是从南方，从那充满热情和罪恶的地方开始。戈利岑本想把他赶出俄罗斯，赶到西班牙去。那里有更多热情吗？他会看到一个热情的国度。什么流放！他们就是要把他强行招募去罪犯横行之地。那好吧！他上路了，他是否还会回来？是否会碰到谁？或者历史会转向吗？历史行进得太快了。

冷静。车夫在等着呢。

39

确实，他在宽阔的大路上了解了祖国的辽阔和强大。的确，难道不应该这样去认识祖国吗？车夫在唱歌。

多么美妙啊，俄罗斯歌曲！缓慢，忧伤而又深沉。他津津有味地听了一小时，一小时又一小时。为何这忧伤如此雄伟宽广，从容不迫。马车夫们在赶路时唱起这歌儿，路途遥远，没有尽头。歌声可以防止人昏昏欲睡。他的生活开始得汹涌澎湃，而非仓促慌张，这不是一回事。

驿车的铃铛不响了，车夫也消失了。他孤零零一个人到了这个被指定的地方——叶卡捷琳诺斯拉夫。身边谁也没有，他直起身子，伸了伸腰。由于路途颠簸，他的双腿都麻了。驱逐就是驱逐，和流放不一样：没有人等他，也没人接他，连个落脚的地方都没有。他只好闯进了唯一合适的地方，一扇开着的门。

里面原来是个小酒馆。他暗暗诅咒这个地方——这低矮的天花板现在成了他的棺材。

居然可以玩水！这座城市遭遇了洪水，第聂伯河绵延不断地咆哮奔腾，然后呻吟呜咽，最后终于平息下来。小酒馆几乎被淹没了，水没过了地板。他毫不犹豫地跳下高涨的潮平水阔的水里。稍稍平息的洪水在酝酿着新一轮猛攻。船夫不慌不忙地，关切地往下看着他。毕竟已经听说了，不需要把他送到任何确切的地点，而是需要坐船四处游玩。

普希金注意到了船夫细心的目光，稍微眯着双眼，目光里透出怀疑，还有他的沉默不语。他慢慢地，稳稳地划船，只扶着桨的一端用力划一下，随后便不再用力，任由波浪推动船桨。普希金问他是否会唱歌。船夫便立刻从容不迫地唱起来。普希金静静听了一会儿，是一首很好的老歌，难怪船夫眯起了眼睛。佩枪的阿塔曼①带着个姑娘。普希金忽然嘶哑地短笑了一声。这就是他被送来改造的地方。这就是一首强盗歌嘛。他沿着第聂伯河漂流了很久，随后他让船夫接着划船，自己便跳下去游泳了。

长路颠簸让他觉得身体拘束得不痛快。只有畅快游泳时，它才又变成了他的身体，而他也做回了自己，他的双腿忘记了一切疲乏。船夫终于等烦了，欠起身子，不，他不是累了。他站起身，听到水面上传来一个人的尖声叫喊：

"你们俩！戴镣铐的！抓住他们！"

快天亮时桨手才把他带到小酒馆。两名苦役犯逃跑了，不见踪影。

---

① 从俄国自由哥萨克中选出的首领；旧俄哥萨克军队和村庄中由沙皇政府指派或选出的长官，首领。——译注

他听见了人们的叫喊声,也听见了人们追赶那两人的喧闹声。

这已经不是想象,不是游戏,也不是诗歌,而是他自己,这是某人的身体,拍打水面的手臂和戴着脚镣漂浮的双腿。他的放逐生涯就这样开始了。

傍晚时分,还是在那个小酒馆里,他开始断断续续地打冷战,像强盗一样。他开始妄想从追兵手里救人,开始觉得憋闷,在这荒无人烟的地方要一杯冰水,什么也没看见,什么也听不到,什么也不懂。终于他的手抓住了一个冰一样冷的杯子,杯子里是冰水,这杯冰水把个姑娘吓得要死。

他躺在一件不知道是谁的粗毛修士服上,这件衣服从哪儿来的?他没指望有答案。他的手臂和双腿又想起了一路的颠簸。突然间他出乎意料地想起了一切——包括船夫那双熟练灵活的眼睛以及那声叫喊:

"抓住他们!"

两个人,他们两人一起游泳,他们的镣铐连在一起,逃离不自由的束缚,并肩而行。自由!只有为了自由才能够戴着镣铐游泳,即使和另一个人铐在一起。

又过了一天,傍晚他没有生火。这就是他的索洛维茨修道院——福季为所欲为。警察很卖力气。阿拉克切耶夫战胜了他。

"点上灯!"突然响起一个严厉命令式的口吻,"为什么这儿没生火?"

他还不记得自己请过谁来做客;他意识到应该有灯有火。他清醒过来了。

在他面前站着拉耶夫斯基将军。

老拉耶夫斯基生气地下令禁止把他一个人留在黑暗里,并要求这里要有松明照明,拉耶夫斯基年纪大了,很慈祥。他立刻感觉自己有了保护,并第一次深深地缓缓地叹了口气。和这人在一起是不会完蛋的。

而他的儿子——尼古拉·拉耶夫斯基,依然不肯改变看法,也从来不对他们有所隐瞒。他习惯于保护自己的诗歌,就像士兵保护自己的心脏一样,他曾经坦率地给尼古拉·拉耶夫斯基读过自己的诗,而尼古拉一听诗就紧张,并大声地哈哈大笑。他习惯于尊重骠骑兵的直率,并且永远也无法忘记尼古拉的不赞成态度,理由是当提到沙皇的幸福和索菲亚·维利欧①时,他表达了热切强烈的想和沙皇谈话的愿望。

"忘了吧。"骠骑兵淡淡地说道。

而现在,在这个被诅咒的小酒馆里疯狂之后,他不知道是否真的有两个苦役犯的故事,还是这根本就是无稽之谈,新的长诗折磨着他,他也对其念念不忘。两个被镣铐拴在一起的逃犯一起逃亡,一起为了自由跳进河里游泳的事件占据了他的脑海。他需要理智一样清明的尼古拉·拉耶夫斯基那清楚洪亮的笑声。他对他完全信任。

尼古拉·拉耶夫斯基告诉他,这种作品人们不会相信的,也不能相信,他说:

"这不可能。"

而所谓的真相,以及监狱记录里的内容——这才是不能相信的东西。不能相信比散文更准确的诗歌。

就这么决定了,他们出发去高加索和克里米亚。

40

沉默、严肃、不友善且毫无生气的人群排着队,站得手脚疲乏,失

---

① 亚历山大一世经常造访宫廷银行家约瑟夫·维利欧家,为的是看望其女儿索菲亚。有一次普希金在他家遇见了沙皇本人。——译注

去耐心,每天大清早起就聚集在一个满满的大水坑边,也并不是干等。

他们装作什么都不相信的样子,实际上什么都信。青春和力量是最大的错误。万一突然回来呢?

这样倒是最简单了。

没有希望吗?一点都没有吗?一切都很清楚。他不相信任何人。不然。青春和力量?一切都会回来,一切都会发生。而一切仿佛都已经发生了。

冷静下来!没有别的。

他顺从地爬进了满是温水的大坑里,一条沉闷而严肃的队伍在他身后拥挤着,早早过来的老人们沉默寡言,愁眉苦脸。他们带着一丝希望前来,盼着能出现奇迹,恢复他们的生机和力量。他不信,跟随着冷静的大夫,他试过硫黄水,热水,酸水,冷水,有一天他独自一人回家的路上,什么都没想,突然笑起来了——不因为任何事或人,只是突然笑了,这笑容让他感到意外。是受到热水的影响了吧。他嘲笑他们的意愿。拉耶夫斯基将军那位优秀的医生按照军队规矩安排用水。他完全不喜欢这种千篇一律。一开始他下令说:

"用热硫黄水。"难怪人们叫他戈里亚切沃茨基①。

一周后他又下令:

"今天用温的酸性硫黄水。"

随后又过了一周,又提出了新想法:

"现在用铁水,缺铁可不行。"

普希金就是在铁水之后笑起来的。

将军最喜欢的这位医生经验丰富,精通各种疗法。首先,他知道人

---

① 意为"热水"。——译注

们对疾病都一知半解,对水也是半懂不懂。最终他们会得到帮助和治疗。但是他有自己独特的方法,也许是正确的方法。他从不钻研书本。

从热水到冷水,这就是他的方法。两个月时间里,他按照医生严格的命令,在水中沐浴,一开始是硫黄水,后来是铁水,最后是酸性冷水。

将军对自己医生的这种疗法表示赞同。

"缺铁可不行。"他解释用铁水的缘由时说道。

不,他现在所处的社会阶层不同了。

他发现了另一种静止不动的状态。他现在真正知道了那些怪异的云彩,彩色的,灰色的,绯红的,发紫的——这根本不是云彩,而是阳光下结冰的山顶。他也认识那些山:有像教堂一样五个顶的,别什杜山,马舒克山,铁山,石头山,还有看起来像毒蛇的蛇山。

当他执行了医生的所有指示后,他忽然看见自己的脸,正俯视着一把干净的钥匙,并感觉自己一切正常,他明白:时辰到了。他坐在尼古拉·拉耶夫斯基旁边的马鞍上,和他聊了很久。尼古拉是他父亲的儿子,记得将军谈论过的一切事情。他们俩商量好了一切。拉耶夫斯基想起了拿破仑那荒诞的计划,这计划就像从前高加索山脉上空童话般的云。这个计划还是在和保罗皇帝意外开展友好关系的时期制订的,但这友好关系也随着保罗皇帝之死而突然结束了[①]。这个计划就是——俄国的印度。普希金曾说,这些山脉不仅创造了前所未有的美景,山这边也促进了祖国和波斯人的友好贸易往来。

---

① 1800年,由于俄国-英国-奥地利同盟的破裂,同时也由于1799年雾月18日(11月9日)的政变,拿破仑成为法兰西的全权统治者(保罗一世希望由于这件事法国革命的成就会被拿破仑本人断送),俄罗斯和法兰西的关系开始变得亲近起来。此时人们拟定了一个联合远征印度的计划(该计划带有出身于法国的痕迹),因为印度是强大的英国最软弱最易受到攻击的部位。甚至都为实施这一计划采取了某种步骤,但1801年保罗一世的被暗杀阻止了这一计划的实施。——译注

他们和尼古拉·拉耶夫斯基一同出发了。沿海库班哨所的60名哥萨克为他们送行。普希金一边欣赏着他们的跳跃和自由落地，一边对快乐得发呆的尼古拉·拉耶夫斯基说：

"永远在马背上！随时准备战斗，并永远小心防备！"

41

他被一道紧急命令放逐至此。

机敏卑劣的戈利岑狡猾的计划并没有得逞——他并未被驱逐出俄罗斯，没去西班牙那么远的地方，而是在俄罗斯境内，伟大的祖国在他面前展开。作为一个俄罗斯人，他知道而且喜爱那些远方的国度，而在这儿他面对面地遇见了伟大的祖国，还看见了最美妙，最难以置信，最神秘的她——这片亲爱的土地，亲爱的祖国。

把这次驱逐变成真正的幸福的不是诗人自己，而是那位1812年战争中的将军，将军从没把军事事务和家庭、和亲属也就是和未来分开。这一年他很多次想到他去过的各地的历史，没有一个地方是闭塞到不见经传的，各地语言都很清晰准确。他被驱逐到一个语言准确的地方。诗歌和数学一样需要准确性。这里还有一个可恶的难题：人们不相信。诗歌的表达越准确，他讲述的东西就越真实越正确，他知道人们不会相信，他们会说——这不可能。整个国家都充满了不信任，这点无须证实。警察记录的准确性也没有帮助。应该屈服，他便屈服了。此外，有必要利用这条法则，可以用真正的鲜血书写，写东写西，写天写地，在生命结束前想怎么写就怎么写。总之，书刊检察机关对他来说形同虚设。不是警察审查制度，这个他了解得很，还亲身感受了它的权力，就是警察审查制度把他赶出了首都。而还有另一个可怕的审查——即他自己的心和亲近的朋友们。他开始写哀诗,仿佛这是他最后一篇诗作,最后一段言辞。生活仍在继续,也理应继续。尼古拉·拉耶夫斯基是一个真正的挚友,因为他曾是骠骑兵,懂诗,并且从不催促他作诗。

克里米亚,这广阔国土上的一片举足轻重的禁忌之地。一路喧闹奔忙从刻赤①来到卡法②,现在已经改了个更好听的名字叫费奥多西亚③。卡法的夜幕已经降临,小城笼罩在浓重的黑暗和温暖中。他们经过克里米亚海岸,来到了古尔祖夫镇④,拉耶夫斯基将军和小女儿们正在那儿等着他们。当晚,在一艘名为"美人鱼"的轻型快速巡航舰上,他写下了一首哀诗。

这里的夜晚袭来得浓烈而又低沉。

他见到了克里米亚的海岸,杨树林,葡萄园,威风凛凛的月桂树和柏树,和它们做伴,世上再找不到更匀称挺秀的林木了。

海岸越来越近,他想起拿破仑时期那本关于克里米亚的书刊,卡捷琳娜·安德烈耶夫娜若是此刻和他在一起,她会怎么看,他无法,也不想摆脱想要在这儿见到她的想法。

他想起了一切,他的记忆并不模糊,也不遥远,只是看到她在这里,在这艘离月桂树和柏树不远的巡航舰的船舱内,和他一起沿着海岸前行。他记得自己当初多么想扑倒在她的脚下,这种感觉永远留在了他的心里。此刻的夜晚,巨大而闪耀的群星之下,他再也无法抑制这注定永远存在的梦境,在这儿,他跪在了她面前。

卡捷琳娜·安德烈耶夫娜的名字不会打扰任何人的内心;人们多年来

---

① 乌克兰城市。——译注
② 费奥多西亚,古称卡法,是位于黑海北岸克里米亚半岛的城市。——译注
③ 希腊语中费奥多西亚意为"神的礼物"。——译注
④ 乌克兰城镇。——译注

一直无法理解他疯狂的爱情，一旦得知她的年龄几乎是他的两倍，人家就会一摆手，尤其是当问题涉及女性的时候——一涉及年龄问题她们会坚不吐实。因为美貌？然而卡捷琳娜·安德烈耶夫娜本人对此也无法提供帮助——因为她内心过于谦逊低调的古怪特点，她没有留下任何肖像。

他的驱逐就这样开始了。

他注定陷入了这段过去的疯狂的爱情。

他知道，所有人都只字不提关于她的话题，谢天谢地！谢天谢地！虽然这是他第一次感情迸发，疯狂，孩子气，遭遇了可笑的挫败，而这迸发的感情伴随孩子气的泪水突然止不住地夺眶而出，所有聪明人都会记住这泪水，这肤浅幼稚的出格行为，以及与之相同的内心的伤痕，爱情的深深伤痕。

所有这些都是为了她。

在聪慧的眼睛里，他的诗歌可爱甜美，她知道并喜爱它们。她懂得它们，知道它们的创作过程，他那些未能实现的，被遗忘的梦想。她还嘲笑他的那些决斗，把它们当作小孩子的顽皮淘气。

他将这首哀诗当作最后一首来写，说出了他想说的话。

别的他什么也不会说。

和其他人和其他事都无关。

并且这既然是最后一首，每个字词便都是真实的。这首哀诗是一个诅咒。他勇敢地写出了所有事实，卡捷琳娜·安德烈耶夫娜的平静是无法撼动的。但他还是给廖伍什卡写了信，请他帮忙匿名发表。诗歌如同战斗，都不需要姓名。

他知道，当自己要写她的时候，见证者永远是黑暗的夜，或者如此刻一般，是阴沉的大海。这份无法治愈的爱会永远伴随着他，不断地揭开他内心的伤疤。最好把这伤痛告诉他最喜爱的医生——老拉耶夫斯基,因为他不会用治愈的希望来哄骗自己,而且他还知道什么时候什么天气伤口会隐隐作痛。

头抬高,平稳呼吸。生活就像一首诗。

……可是心早已经伤痕累累[1]。

爱情的深深伤痕,永远无法愈合。

难怪他会被驱逐到南方而不是北方,皇村中学正是创始于此。当他还不会走路的时候,在进入皇村中学之前,俄罗斯警官马林诺夫斯基将军曾在他被下放南方时到过的很多地方担任外交官,捍卫俄国利益。看着那些逃亡者和流放犯们,在这片边疆的土地上,他下了决心,并写出了一篇关于废除奴隶制的论著。

如今,普希金被下放到此地,就是为了来目睹对自由的渴望,见证

---

[1] 摘自普希金的哀诗《白日的星辰熄灭了》。"他在此创作了一首关于不可能实现的、被时代拒斥了的爱情的哀诗。"——但是,特尼亚诺夫在谈及其长篇小说构思时,曾经声明,在他论述普希金的书中,"将不会给予关于普希金是一个上流社会的雄狮,对待女性轻薄下流行为轻佻放浪的花花公子的传说以任何地位"。特尼亚诺夫反对这种普遍被认可的说法。(《文学报》,1935年总第63期,11月15日)。特尼亚诺夫在《不具名的爱情》一文中分析了这部作品嗣后的全部系列,根据研究者的意见,这些系列都与诗人对叶·阿·卡拉姆津娜的"隐秘爱情"有关。这就是《巴赫切萨拉伊的喷泉》、《奥涅金旅行记片段》、《波尔塔瓦》题词、哀诗《在格鲁吉亚山冈上笼罩着夜的黑暗》。特尼亚诺夫断言,和从前的研究者们(米·格尔申宗、帕·谢果列夫)的推断不同的,是普希金"就其非同寻常的力度、持续的长度,并且普希金终其一生都从未宣说的"爱情而言,不是针对米·阿·戈利岑娜或米·尼·拉耶夫斯卡娅的。我们有足够理由和根据认为普希金终其一生都隐瞒了他对卡拉姆津娜的爱情和情欲。——特尼亚诺夫如是说。他提出了自己独特的阐释,这些阐释不仅在普希金诗歌题献词和神秘的暗示中始终都是疑点,而且特尼亚诺夫还举证了一些普希金同时代人的某些证词来证明普希金和卡拉姆津娜之间的关系。其中包括普希金和卡拉姆津娜关系的最后一件证明,当诗人受了致命伤以后,他一再询问:"卡拉姆津娜在哪儿?卡拉姆津娜在吗?"在做总结时特尼亚诺夫得出一个对于我们的普希金观具有原则性意义的重大结论:"有一点变得十分清楚,即一度十分流行甚至成为非常时髦的普希金观,即说他是一个风流倜傥,举止轻浮,不断任意改变其恋情的轻佻之徒;一名年仅17岁的'中学生'痛苦而又激烈的爱情迫使他在生命的最后时刻首先喊出的名字是卡拉姆津娜。这一'隐秘的''无名的'爱情贯穿了他的一生。"(参阅《文学批评家》,1939,第5—6其合刊,第160—180页)。——译注

被压迫被束缚的人们，以猛烈的速度向前行进！

皇村中学万岁！

他在这儿写了一首关于无法实现的爱情的哀诗，在诗里，他被时间抛弃。该死，他不敢说出她的姓名，他四处漂泊，充满力量，陶醉在所有禁忌的，无法实现的回忆中。

1935—1943